Aufläufe und Gratins

Hinweis:
Alle in diesem Buch enthaltenen Angaben wurden nach bestem Wissen erstellt und vom Verlag mit größtmöglicher Sorgfalt überprüft. Eine Verantwortung und Haftung für etwaige inhaltliche Unrichtigkeiten kann jedoch nicht übernommen werden.

Impressum
Aufläufe und Gratins (Landküche)
1. Auflage: Cadmos Verlag GmbH, 2009

Copyright © 2009 by Cadmos Verlag GmbH, Schwarzenbek
Möllner Straße 47
21493 Schwarzenbek
Tel.: 04151 87 90 70
Fax: 04151 87 90 7-12
info@cadmos.de
www.cadmos.de

Gestaltung und Satz: Ravenstein + Partner, Verden
Rezeptfotos: André Chales de Beaulieu
Titelfoto: Oliver Farys
Lektorat: Anneke Bosse
Druck: Westermann Druck, Zwickau

Alle Rechte vorbehalten. Reproduktion, Speicherung in Datenverarbeitungsanlagen, Wiedergabe auf elektronischen, fotomechanischen oder ähnlichen Wegen, Funk und Vortrag – auch auszugsweise – nur mit Genehmigung des Verlages.

Deutsche Nationalbibliothek – CIP-Einheitsaufnahme
Die Deutsche Nationalbibliothek verzeichnet diese Publikation in der Deutschen Nationalbibliografie; detaillierte bibliografische Daten sind im Internet über http://dnb.ddb.de abrufbar.

Printed in Germany

ISBN 978-3-86127-884-9

Inhalt

Einleitung 8

Gemüse-Aufläufe 13

Blumenkohl im Hackbett 15
Blumenkohl-Brokkoli-Auflauf 16
Brokkoli-Auflauf 16
Dinkel-Auflauf mit Bohnen
und Tomaten 17
Bohnen-Auflauf mit
Schinkenwürfeln 19
Feuriger Linsen-Auflauf 21
Gemüse-Auflauf 22
Lauch-Auflauf 23
Hackfleisch-Wirsing-Auflauf 24
Kohlrabi-Auflauf 25
Kürbis-Auflauf 27
Linsen-Auflauf mit Porree 28
Paprika-Auflauf 29
Mais-Auflauf 31
Pilz-Quark-Auflauf 32
Rosenkohl-Kartoffel-Auflauf 32
Sauerkraut in Eiersahne 33
Porree-Auflauf 35
Zucchini-Hack-Auflauf
in Tomatensauce 35
Satter-Herbstauflauf 37
Schinken-Bohnen-Auflauf 39
Spargel-Gratin 39
Spinat-Auflauf 41
Tomaten-Zucchini-Gratin 41
Topinambur-Auflauf 43
Überbackene Möhren 44
Überbackenes Gemüse 44
Weißkohl-Auflauf 45
Wirsing-Auflauf 47

Kartoffel-Aufläufe und -Gratins 49

Friesischer Kartoffel-Auflauf 51
Jägerschmarren 53
Kartoffel-Apfel-Gratin 53
Kartoffel-Auflauf in Käsesoße 54
Kartoffel-Porree-Auflauf 54
Kartoffel-Eier-Auflauf 55
Kartoffel-Kohlrabi-Gratin 57
Kartoffel-Tomaten-Auflauf 57
Kartoffel-Grünkern-Auflauf 59
Rosenkohl-Auflauf 59
Kartoffel-Möhren-Auflauf 60
Klassischer Kartoffel-Auflauf 60
Zucchini-Auflauf 61
Schnelles Kartoffel-Gratin 63
Kartoffel-Mettwurst-Auflauf 65
Zucchini-Kartoffel-Gratin 65

Fleisch-Aufläufe 66

Brot-Auflauf mit Fleischfüllung 69
Bohnenkeime-Auflauf 70
Eier-Schinken-Auflauf 70
Kasseler-Auflauf 71
Fleisch-Auflauf 73
Frikadellen-Auflauf 74
Gratinierter Fleischtopf 75
Früchteschnitzel 77
Hackbraten mit Kartoffel-Gratin 77
Geflügel-Reis-Auflauf 78
Leberkäse mit Blumenkohl 84
Mett-Auflauf 78
Hack-Auflauf mit Sauerkraut 79
Hackfleisch-Pfirsich-Torte 81
Kohlrabi-Auflauf mit Putenbrust 83
Quark-Hack-Schichtauflauf 85
Schinken-Austernpilze-Gratin 87

Fisch-Aufläufe 88

Fisch-Auflauf, indische Art 91
Fisch-Gratin mit Champignonsoße 92
Kabeljau in Senfsoße 92
Kabeljau-Kartoffel-Auflauf 93
Gemüse-Fisch-Auflauf 95
Helgoländer Schichtfisch 95
Kartoffel-Scampi-Gratin 97

Lachs mit Spiralnudeln 99	Apfel-Reis-Auflauf 124
Matjes-Auflauf..99	Apfel-Quark-Auflauf...............................125
Fisch-Auflauf mit Paprika....................100	Aprikosen-Auflauf mit Quark 127
Pikanter Kräuterfisch 100	Birnen-Auflauf...127
Überbackene Schollenfilets 101	Biskuit-Auflauf mit Himbeeren...........129
Seelachs-Auflauf mit Tomaten 103	Frischkäse-Soufflé.................................129
	Kirsch-Auflauf 130
	Zwieback-Apfel-Auflauf 131

Nudel- und Reis-Aufläufe 104

	Pflaumen-Auflauf mit Haferflockenkruste 133
Gefüllter Reis-Auflauf 78	Früchte-Gratin 135
Käsenudeln überbacken........................108	Rhabarber-Auflauf..................................135
Makkaroni-Hackfleisch-Auflauf 108	Quark-Grießauflauf 137
Nudel-Auflauf mit feinem Gemüse.......109	Überbackene Himbeeren 137
Nudel-Auflauf mit Pilzen 109	Früchte-Quark-Auflauf..........................139
Mozzarella mit Nudelmuscheln 111	Zitronen-Auflauf 139
Nudel-Hack-Auflauf................................111	
Nudel-Auflauf mit Tofu 113	
Nudel-Porree-Auflauf.............................115	**Alphabetisches Rezeptverzeichnis**........................140
Nudel-Auflauf mit Quark 116	
Reis-Auflauf mit Pfirsichen..................116	
Reis-Kirsch-Auflauf................................117	**Einsender/innen der Rezepte**..142
Süßer Nudel-Auflauf...............................119	

Süße Aufläufe 120

Ananas-Auflauf
mit Weinschaumsoße 123
Apfel-Auflauf 124

Einleitung

Heiß aus dem Ofen – verführerisch duftend direkt auf den Tisch: Aufläufe und Gratins erfreuen sich zu Recht großer Beliebtheit. Sie sind bedeckt mit einer goldgelben Kruste und haben ein saftiges Innenleben. Für jeden Geschmack ist etwas dabei, ob pikant oder süß, schlicht oder raffiniert. Sie eignen sich ebenso gut als Vorspeise wie auch als Dessert, als Beilage oder Hauptmahlzeit. Kaum ein Gericht bietet so viele Möglichkeiten. Die in diesem Buch veröffentlichten Rezepte entstammen einem Wettbewerb der Landfrauen, sind praxiserprobt und leicht nachzukochen. Alle Zutaten für Aufläufe und Gratins lassen sich gut vorbereiten. Man gibt sie in die passende Form, schiebt diese zu gegebener Zeit in den Ofen und kümmert sich nicht mehr darum, bis serviert wird.
   Sofern nicht anders erwähnt, sind die Rezepte jeweils für vier Personen gedacht.

Was sind Aufläufe?

Für pikante Aufläufe werden Kartoffeln, Nudeln oder Reis, Gemüse, Fleisch oder Fisch (in dieser Reihenfolge) in eine gefettete Auflaufform geschichtet, mit Eiermilch übergossen und im Ofen gebacken. Auf 250 ml Milch rechnet man 2 bis 3 Eier, je nach Geschmack. Die Eiermilch stockt während des Backens und verbindet somit die Zutaten zu einem kompakten Auflauf. Sie können die Milch auch mit Crème fraîche oder Schlagsahne verfeinern. Besonders pikant werden Aufläufe, wenn sie mit einer Tomaten-, Kräuter- oder Käsesoße übergossen werden.

Unter süße Aufläufe wird Eischnee gehoben, damit der Auflauf locker wird und die Masse während des Backens „aufgeht". Das steif geschlagene Eiweiß wird mit einem Schneebesen vorsichtig unter die Masse gehoben.

Was sind Gratins?

Gratins sind flacher als Aufläufe und eher Beilage als sättigende Hauptmahlzeit. Sie werden daher in einer flachen Form serviert, niemals in einer hohen. Die Gemüse- und Kartoffelscheiben werden dachziegelartig in die Gratinform gelegt. Damit sie eine knusprige Kruste erhalten, werden sie entweder mit geriebenem Käse und Butterflöckchen oder mit Semmelbröseln bestreut.

Welcher Käse?

Käsesorten mit einem intensiven Eigengeschmack (zum Beispiel mittelalter Gouda) eignen sich zum Überbacken am besten. Sie enthalten weniger Wasser und ziehen deshalb keine Fäden.

Welche Form?

Aufläufe und Gratins werden in der Form direkt auf den Tisch gebracht. Es gibt eine Vielzahl von Formen: rund, eckig oder oval und in verschiedenen Materialien. Wählen Sie die Form nach Ihrem Geschirr aus. Dunkle Keramik passt zu rustikalem Geschirr, helle Auflaufformen passen zu weißem Geschirr. Neutral sind Glasformen.

Die Größe der Auflaufformen richtet sich nach der Personenzahl. Für vier Personen wird ein Fassungsvermögen von ca. zwei Litern gerechnet.

Erstklassige Produkte

Aus allen Lebensmitteln lassen sich fantastische Aufläufe und Gratins herstellen. Wählen Sie besonders erstklassige Produkte: knackiges Gemüse (wenn möglich aus dem eigenen Garten), dazu frische Eier, Fisch und Qualitätsfleisch.

Resteverwertung

Aufläufe und Gratins bieten unter anderem auch eine ideale Möglichkeit, Reste vom Vortag zu verwerten. Verarbeiten Sie zum Beispiel Gemüse- und Fleischreste mit Kartoffeln, Nudeln oder Reis. Schon haben Sie eine neue, leckere und preisgünstige Mahlzeit.

Richtiges Backen

Auch Aufläufe brauchen ihre Zeit. Beim Backen mit Ober- und Unterhitze ist die richtige Einschubhöhe entscheidend. Ein hoher Auflauf braucht mehr Hitze von unten. Schieben Sie die Form auf die untere Einschubleiste ein. Flache Aufläufe oder Gratins werden oberhalb der mittleren Einschubleiste in den Ofen geschoben. So entsteht auch bei einer kurzen Backzeit eine knusprige Kruste.

Direkt auf den Tisch

Wenn die Familie am Tisch sitzt, wird serviert. Ohne Umfüllen, ohne Anrichten – die Kruste ist dekorativ genug. Aufläufe und Gratins sind auch ein praktisches, günstiges Gästeessen. Die Zutaten können rechtzeitig vorbereitet und in die Form geschichtet werden. Auch die Soße kann bereits fertiggestellt werden, wird aber erst kurz vor dem Einschieben der Form in den Backofen über den Auflauf oder das Gratin gegossen.

In den Rezepten verwendete Abkürzungen

EL	⇨	Esslöffel
g	⇨	Gramm
gem.	⇨	gemahlen
ger.	⇨	gerieben
getr.	⇨	getrocknet
gr.	⇨	groß
kg	⇨	Kilogramm
kl.	⇨	klein
l	⇨	Liter
ml	⇨	Milliliter
Msp.	⇨	Messerspitze
Pck.	⇨	Päckchen
TK	⇨	Tiefkühlprodukt
TL	⇨	Teelöffel

Tipp
Dazu schmecken neue gekochte Kartoffeln oder cremiger Kartoffelbrei.

Blumenkohl im Hackbett

Zubereitung:

① Den geputzten Blumenkohl in reichlich Salzwasser bissfest garen, herausnehmen und gut abtropfen lassen.
② Das Hackfleisch mit klein gehackter Zwiebel, zerkleinerter Petersilie und einem Ei vermischen und herzhaft abschmecken.
③ Den Blumenkohl ganz in eine gefettete Auflaufform setzen.
④ In Scheiben geschnittene Tomaten herumlegen, diese mit Salz und Pfeffer bestreuen und mit Butterflöckchen belegen.
⑤ Die Hackfleischmasse auf den Tomaten verteilen.
⑥ Die Sahne mit dem zweiten Ei und dem Käse mischen, mit Pfeffer, Salz und Muskat abschmecken und über den Kohl und die Hackmasse gießen.
⑦ Im vorgeheizten Backofen bei 200 Grad (Umluft) ca. 25 Minuten goldgelb backen.

Zutaten:

1 gr. Blumenkohl
Salz
400 g gemischtes Hack
1 Zwiebel
1 Bund Petersilie
2 Eier
Fett für die Form
3 gr. Fleischtomaten
Pfeffer
50 g Butter
250 g Sahne
50 g ger. Käse
Muskat

Gemüse-Aufläufe

Brokkoli-Auflauf

Zutaten:

750 g Brokkoli
4 Eier
175 g Sahne
4 EL Crème fraîche
3 EL Kräuterschmelzkäse
Salz
Pfeffer

Zubereitung:

① Brokkoli in Salzwasser ca. 12 Minuten kochen und abgetropft in eine gefettete Auflaufform geben.
② Eier, Sahne, Crème fraîche, Schmelzkäse, Salz und Pfeffer verquirlen und über den Brokkoli gießen.
③ Den Auflauf im Backofen ca. 20 Minuten bei 220 Grad (Umluft) überbacken und mit Kartoffeln servieren.

Blumenkohl-Brokkoli-Auflauf

Zutaten:

2 Köpfe Blumenkohl (ca. 1,5 kg)
750 g Brokkoli
750 g Zucchini
2 Zwiebeln
ca. 8 mittelgr. Kartoffeln
20 g Butter
Salz
weißer Pfeffer
150 g Crème fraîche
3 Eier
150 g Schinkenwürfel
150 g pikanter Käse (z. B. Maasdamer)
abgeriebene Muskatnuss
50 g Sonnenblumenkerne
Fett für die Form

Zubereitung:

① Blumenkohl und Brokkoli putzen, in Röschen teilen und in Salzwasser 10 bis 15 Minuten kochen. Zucchini putzen und in Scheiben schneiden. Zwiebeln hacken.
② Kartoffeln schälen und kochen.
③ Butter in einer Pfanne erhitzen und die Zwiebelwürfel darin andünsten. Zucchinischeiben zufügen und ebenfalls dünsten. Anschließend mit Salz und Pfeffer würzen.

④ Kartoffeln in Scheiben schneiden und in die gefettete Auflaufform schichten. Die Schinkenwürfel darüber verteilen.
⑤ Blumenkohl und Brokkoli in einem Sieb abtropfen lassen und ¾ der Menge mit dem Schneidestab pürieren. Käse reiben.
⑥ Gemüsepüree, 75 g Käse, Crème fraîche und die Eier verrühren, mit Salz, Pfeffer und Muskat kräftig würzen.
⑦ Die restlichen ganzen Blumenkohl- und Brokkoliröschen sowie die Zucchinischeiben locker unter das Püree heben und über die Kartoffeln in die Auflaufform geben.
⑧ Restlichen Käse und Sonnenblumenkerne mischen und zum Schluss gleichmäßig über den Auflauf streuen. Im vorgeheizten Backofen bei 225 Grad (Ober-/Unterhitze) 30 bis 40 Minuten backen.

Gemüse-Aufläufe

Dinkel-Auflauf mit Bohnen und Tomaten

Zubereitung:

① Dinkel mit der Gemüsebrühe zum Kochen bringen und zugedeckt bei schwacher Hitze ca. 1 Stunde garen. Evtl. noch Brühe nachgießen. Anschließend zugedeckt 1 weitere Stunde nachquellen lassen.
② Bohnen putzen, waschen, halbieren und ca. 4 Minuten sprudelnd kochen, kalt abschrecken und abtropfen lassen.
③ Tomaten brühen und häuten, in kleine Würfel schneiden. Die Schalotte fein hacken.
④ Das Bohnenkraut waschen und trocknen. Die Blättchen von den Stielen zupfen, die Hälfte zum Bestreuen des Auflaufs aufheben.
⑤ Die andere Hälfte des Bohnenkrauts mit Bohnen, Tomaten und Schalotte unter den Dinkel mischen. Mit Salz und Pfeffer abschmecken.
⑥ Die Eier trennen. Eigelb mit Parmesan verquirlen und unter die Dinkelmasse mischen. Eiweiß mit Salz zu steifem Schnee schlagen und vorsichtig unterheben.
⑦ Die Masse in eine feuerfeste Form füllen und auf mittlerer Schiene bei 200 Grad (Umluft) ca. 45 Minuten backen.
⑧ Mit dem restlichen Bohnenkraut bestreuen.

Zutaten:

200 g Dinkel
400 ml Gemüsebrühe
500 g grüne Bohnen
300 g Tomaten
1 Schalotte
1 Bund Bohnenkraut
Salz
schwarzer Pfeffer
4 Eier
50 g Parmesan

Bohnen-Auflauf mit Schinkenwürfeln

Zubereitung:

1. Bohnen und Schinkenwürfel schichtweise in die Form füllen.
2. Die Kartoffelscheiben darauf verteilen und den Käse über die Kartoffeln streuen.
3. Eier, Milch, Pfeffer und Salz verquirlen und über den Auflauf gießen.
4. Butterflöckchen darüber verteilen.
5. Bei 200 Grad (Umluft) backen.

Zutaten:

750 g Bohnen
200 g rohe Schinkenwürfel (oder geräuchertes Bauchfleisch)
750 g rohe Kartoffeln in Scheiben
Butter für die Form
40 g ger. Käse
4 Eier
250 ml Milch
Salz
Pfeffer
30 g Butter

Gemüse-Aufläufe

Tipp
Dazu passt eine helle Soße mit Kräutern.

Feuriger Linsen-Auflauf

Zutaten:

300 g Linsen
1 Zwiebel
2 EL Öl
3 reife Tomaten oder 1 kl. Dose geschälte Tomaten
⅛ l Weißwein
2 EL Tomatenmark
Essig, Salz, Pfeffer, Kurkuma, Ingwer, Kardamom
1 Msp. Cayennepfeffer
200 g Bandnudeln

Für die Paste:
1 EL Butter
4–5 EL Sahne
80 g ger. Emmentaler
2–3 EL Semmelbrösel
1 zerdrückte Knoblauchzehe
reichlich gehackte Kräuter (z. B. Thymian, Kräuter der Provence)

Gemüse-Aufläufe

Zubereitung:

① Linsen in Wasser ohne Salz weich kochen.
② Zwiebeln hacken, in Öl andünsten. Linsen und geschälte zerkleinerte Tomaten zufügen. Weißwein und Tomatenmark unterrühren, mit Essig und den Gewürzen abschmecken.
③ Die Nudeln in 2 l sprudelndem Salzwasser bissfest kochen, abschrecken, mit den Linsen vermengen und alles in eine gefettete Auflaufform füllen.
④ Butter, Sahne, Käse und Semmelbrösel zu einer Paste verrühren, mit Knoblauch und gehackten Kräutern würzen.
⑤ Auflauf gleichmäßig mit der Paste bestreichen und im vorgeheizten Backofen bei 220 Grad (Umluft) ca. 20 Minuten überbacken, bis die Käsedecke knusprig ist.

Gemüse-Auflauf

Zutaten:

350 g Möhren
1 kl. Kohlrabi
1 kl. Blumenkohl
1 Stange Porree
2 Zwiebeln
750 g Rosenkohl
75 g Butter
200 g Mais
400 g Crème fraîche
200 g Sahne
2 Eier
200 g Sahne
Salz, Pfeffer, Muskat
200 g ger. Gouda

Zubereitung:

① Möhren in Scheiben, Kohlrabi in Stücke, Blumenkohl in Röschen, Porree in Streifen und Zwiebeln in Würfel schneiden und mit dem Rosenkohl in der Butter mit etwas Wasser bissfest dünsten.
② Mit Salz und Pfeffer abschmecken.
③ Gemüse abtropfen lassen, Mais untermengen und in eine gefettete Auflaufform geben.
④ Crème fraîche, Sahne und Eier verrühren, mit den Gewürzen abschmecken und über das Gemüse gießen. Käse überstreuen.
⑤ Bei 180 Grad (Umluft) 20 bis 30 Minuten überbacken.

Lauch-Auflauf

Zutaten:

400 g Lauch
1 TL Salz
4–6 hart gekochte Eier
150 g durchwachsener Speck
weißer Pfeffer
3 EL Petersilie
100 g ger. Käse
Butterflöckchen

Zubereitung:

① Lauch putzen, waschen, in ca. 5 cm lange Stücke schneiden. In leicht gesalzenem Wasser 5 Minuten kochen.
② Eier pellen und in Scheiben schneiden.
③ Speck würfeln, in eine gefettete Auflaufform geben, mit Pfeffer würzen, mit Petersilie bestreuen. Eischeiben darauf verteilen.
④ Den abgetropften Lauch in die Form geben, geriebenen Käse darüberstreuen, mit Butterflöckchen belegen.
⑤ Den Auflauf bei 170 bis 190 Grad (Umluft) 25 bis 30 Minuten backen.

Gemüse-Aufläufe

Hackfleisch-Wirsing-Auflauf

Zutaten:

1 Wirsingkopf (ca. 600 g)
2 Fleischtomaten
1 Zwiebel
Öl
500 g Hackfleisch
Salz, schwarzer Pfeffer
300 g Roquefort
200 g Sahne
2 Eier

Zubereitung:

① Wirsingkopf putzen, waschen, in ca. 2 cm breite Streifen schneiden, 10 Minuten in Salzwasser kochen, kalt abschrecken, abtropfen lassen.
② Tomaten überbrühen, häuten, Stielansätze entfernen und hacken. Zwiebel schälen, fein hacken und in Öl andünsten.
③ Hackfleisch zugeben und krümelig braten. Mit Salz und Pfeffer würzen. Die Hälfte des Roqueforts zerkrümeln, mit den Tomaten zufügen und untermischen.
④ Backofen auf 220 Grad (Umluft) vorheizen.
⑤ Die Hälfte des Wirsings in eine gefettete Form füllen.
⑥ Sahne mit Eiern verquirlen, leicht salzen und pfeffern und die Hälfte über den Wirsing gießen. Die Hackfleischmischung auf den Wirsing geben, mit dem restlichen Wirsing bedecken und mit der übrigen Sahne begießen. Restlichen Roquefort darüberstreuen.
⑦ Im Backofen auf mittlerer Schiene ca. 20 Minuten backen.

Kohlrabi-Auflauf

Zutaten:

2 gr. Kohlrabi (mind. 500 g)
200 g Schinken
250 ml Milch
125 g saure Sahne
2 Eier
Salz, Pfeffer, Muskat
Petersilie, Schnittlauch
200 g ger. Käse
Butter

Zubereitung:

1. Kohlrabi schälen, waschen und in kleine Würfel schneiden. In einem Topf mit etwas Wasser kurz vordünsten. Eventuell mit etwas Salz würzen. Den Kochsud beiseitestellen.
2. Schinken in feine Streifen schneiden.
3. Kohlrabi und Schinken abwechselnd in eine gefettete Form schichten.
4. Milch und Sahne mit den Eiern verquirlen, mit Gewürzen und Kräutern abschmecken und über den Auflauf geben.
5. Käse überstreuen und kleine Butterflöckchen verteilen.
6. Den Auflauf im vorgeheizten Ofen bei 200 Grad (Ober-/Unterhitze) 20 bis 30 Minuten mit Deckel garen, dann bei 250 Grad 5 bis 10 Minuten ohne Deckel überbacken.
7. Mit dem Sud eine Mehlschwitze ablöschen, würzen und zum Auflauf reichen.

Gemüse-Aufläufe

Kürbis-Auflauf

Zutaten:

800 g Kürbis
300 g Zwiebeln
Butter
200 g Schafskäse
4 Tomaten
100 g Crème fraîche
Pfeffer, Salz
2 Scheiben Schwarzbrot
ger. Käse

Zubereitung:

① Kürbis schälen, entkernen, in Würfel schneiden. Zwiebeln in Ringe schneiden.
② Kürbis und Zwiebeln zusammen in Butter dünsten, anfallende Flüssigkeit aufheben.
③ Schafskäse in Würfel, Tomaten in Scheiben schneiden.
④ Alles zusammen in eine Auflaufform schichten.
⑤ Crème fraîche mit der Kürbisflüssigkeit verrühren, würzen und über den Auflauf geben. Schwarzbrot zerbröckeln und mit dem Käse auf dem Auflauf verteilen.
⑥ Bei 175 bis 200 Grad (Umluft) ca. 60 Minuten backen.

Linsen-Auflauf mit Porree

Zutaten:

200 g Linsen
Salz
450 g Kartoffeln
150 g durchwachsener Speck
100 g Zwiebeln
400 g Porree
1 EL Butter
100 g Gouda
Pfeffer
250 ml fertige Béchamelsoße
2 TL Senf

Zubereitung:

1. Die Linsen in kaltem Wasser waschen, in ein Sieb geben und abtropfen lassen. In reichlich kaltem Salzwasser aufsetzen, aufkochen und ca. 25 Minuten bei geringer Hitze im geschlossenen Topf ausquellen lassen.
2. Inzwischen die Kartoffeln ungeschält in Salzwasser aufsetzen und ca. 20 Minuten kochen.
3. Den Speck fein würfeln, Zwiebeln pellen und ebenfalls fein würfeln.
4. Speckwürfel in einer Pfanne auslassen, Zwiebelwürfel dazugeben und bei geringer Hitze glasig dünsten.
5. Porree putzen und in dünne Ringe schneiden. In der Butter 5 Minuten dünsten.
6. Käse grob reiben.
7. Die Linsen in ein Sieb schütten und kalt abspülen.
8. Kartoffeln pellen und in ca. 1 cm große Würfel schneiden. Mit den Linsen, Porreeringen und der Hälfte der Speck-Zwiebel-Würfel mischen. Mit Salz und Pfeffer herzhaft abschmecken. In eine gefettete Auflaufform geben.
9. Béchamelsoße einmal aufkochen und mit dem Senf würzen. Soße gleichmäßig über den Auflauf verteilen.
10. Zum Schluss den geriebenen Käse und die restlichen Speck-Zwiebel-Würfel darüberstreuen.
11. Den Auflauf bei 200 Grad (Umluft) auf der zweiten Schiene von unten im vorgeheizten Ofen ca. 30 Minuten überbacken.

Paprika-Auflauf

Zubereitung:

① Die Paprikaschoten halbieren, entkernen und abspülen. In 750 ml Wasser mit einem halben Esslöffel Salz 5 Minuten kochen. Abgießen und abtropfen lassen.

② Das Brot mit etwas heißem Wasser übergießen und sofort ausdrücken. Mit dem Hackfleisch, dem restlichen Salz, Pfeffer und Paprikapulver gründlich mischen.

③ Die Kartoffeln schälen, abspülen und in sehr dünne Scheiben schneiden oder hobeln.

④ Mit der Hälfte der Kartoffelscheiben eine feuerfeste Form auslegen. Darauf je eine halbe grüne und rote Paprikaschote, die Fleischmasse und wieder Paprikaschoten einfüllen. Mit den restlichen Kartoffelscheiben bedecken.

⑤ Bouillonwürfel in 500 ml heißem Wasser auflösen und mit der sauren Sahne über den Auflauf gießen. Mit dem Käse bestreuen.

⑥ Den Auflauf im vorgeheizten Ofen bei 180 Grad (Umluft) 45 Minuten backen. Nach 2 Minuten mit Alufolie bedecken oder einen Deckel aufsetzen.

Zutaten:

1 grüne Paprikaschote
1 rote Paprikaschote
1 gestr. EL Salz
2 Scheiben Weißbrot
500 g Schweinehackfleisch
1 gestr. TL schwarzer Pfeffer
2 gestr. TL Paprikapulver
10 mittelgr. Kartoffeln
2 Bouillonwürfel
75 g saure Sahne
4 geh. EL ger. Käse

Gemüse-Aufläufe

Tipp

Dazu passen Tomatensalat und Rotwein.

Mais-Auflauf

Zutaten:

425 g Mais (aus der Dose)
425 g Champignons (aus der Dose)
270 g Krabben (aus der Dose)
150 g gewürfelter Gouda
1 grüne Paprikaschote
2 Eier
250 g Sahne
Salz, Pfeffer
1 EL Sojasoße
Butter für die Form

Zubereitung:

1. Mais, Champignons, abgetropfte Krabben, Gouda und klein geschnittene Paprika in eine Schüssel geben.
2. Die Eier trennen.
3. Sahne, Eigelb, Salz, Pfeffer und Sojasoße verquirlen und über die Zutaten geben. Eiweiß steif schlagen und unter die Masse heben.
4. Alle Zutaten in eine mit Butter gefettete Auflaufform füllen und bei 180 Grad (Umluft) ca. 40 Minuten goldgelb backen.

Gemüse-Aufläufe

Pilz-Quark-Auflauf

Zutaten:

250 g Champignons
1 Zwiebel
etwas Butter
2 Eigelb
250 g Quark
125 g Sahne
60 g Grieß
1 EL Stärke
200 g Schinkenspeck
1 EL Schnittlauch
Salz, Pfeffer
2 Eiweiß
1 EL Semmelbrösel
1 EL ger. Gouda
Butterflöckchen

Zubereitung:

1. Pilze waschen, putzen, blättrig schneiden.
2. Die Zwiebel würfeln, mit den Pilzen andünsten.
3. Butter, Eigelb, Quark, Sahne, Grieß und Stärke verrühren. Den Schinkenspeck würfeln, mit Schnittlauch und Pilzen untermischen und abschmecken. Eiweiß steif schlagen und unterheben.
4. Eine feuerfeste, gebutterte Form mit Semmelbröseln ausstreuen, die Quarkmasse einfüllen.
5. Mit Semmelbröseln, Käse und Butterflöckchen bestreuen.
6. Im vorgeheizten Backofen bei 225 Grad (Ober-/Unterhitze) 30 bis 40 Minuten backen.

Tipp: Dazu Endiviensalat oder Blattsalat reichen.

Rosenkohl-Kartoffel-Auflauf

Zutaten:

350–500 g Pellkartoffeln
2 Zwiebeln
1 gr. Tomate
450 g Rosenkohl (TK oder frisch gedünstet)
4 Scheiben Kasseler ohne Knochen
200 g saure Sahne
Salz, Pfeffer, Majoran, Muskat
2 Eier
50 g ger. Käse (Gouda)

Zubereitung:

1. Pellkartoffeln und Zwiebeln würfeln, Tomate in Scheiben schneiden.
2. Eine Auflaufform einfetten.

③ Rosenkohl, Kartoffel- und Zwiebelwürfel vermischen und in die Form füllen.
④ Kasseler und Tomatenscheiben darauf verteilen.
⑤ Sahne, Gewürze und Eier verschlagen und darübergießen.
⑥ Mit Käse bestreuen und im Backofen bei 200 Grad (Umluft) ca. 30 Minuten überbacken.

Sauerkraut in Eiersahne

Zutaten:

1 kg rohes Sauerkraut
1 Zwiebel
5 Wacholderbeeren
2 EL Öl
350 g Kartoffeln
3 EL Apfeldicksaft
2 Msp. Pfeffer
50 g Butter
500 g saure Sahne
3 Eier
1 Msp. Salz
2 TL Paprikapulver

Zubereitung:

① Sauerkraut nicht waschen, mit einer Gabel auflockern und etwas kleiner schneiden. Zwiebel schälen und würfeln.
② Das Kraut mit den Zwiebelwürfeln und den Wacholderbeeren bei geringer Hitze 10 Minuten in Öl andünsten, dabei ab und zu umrühren.
③ Inzwischen die Kartoffeln unter fließendem Wasser gründlich bürsten und grob raspeln. Den Backofen auf 220 Grad (Ober-/Unterhitze) vorheizen.
④ Kartoffelraspeln und Sauerkraut mischen. Apfeldicksaft, Pfeffer und Butter (bis auf etwa 2 TL für die Form) unterrühren.
⑤ Saure Sahne mit Eiern, Salz und Paprikapulver verquirlen und die Eiersahne mit der Sauerkrautkartoffelmischung verrühren.
⑥ Eine flache, feuerfeste Form mit der restlichen Butter ausstreichen, die Auflaufmasse einfüllen und auf der mittleren Schiene ca. 40 Minuten knusprig braun backen.

Porree-Auflauf

Zutaten:

500 g Hackfleisch
1 Ei
1 Brötchen
Salz, Pfeffer, Paprika, Senf
500 g Kartoffeln in Scheiben
300 g Porree in Stücken (2 cm)
50 g Butter
50 g ger. Gouda
frische Kräuter nach Geschmack

Zubereitung:

① Hackfleisch mit Ei und eingeweichtem, ausgedrücktem Brötchen verkneten. Mit den Gewürzen abschmecken.
② Eine feuerfeste Form gut ausfetten. Abwechselnd die Kartoffelscheiben, die Porreestücke und das Hack einschichten.
③ Mit Butterflöckchen belegen und mit geriebenem Käse bestreuen.
④ Bei 200 Grad (Ober-/Unterhitze) ca. 30 Minuten garen.
⑤ Vor dem Servieren mit frischen Kräutern garnieren.

Zucchini-Hack-Auflauf in Tomatensoße

Zutaten:

500 g Zucchini
6 EL Olivenöl
1 gr. Zwiebel
2 Knoblauchzehen
1 Bund Basilikum
500 g Hackfleisch
1 Ei
500 g Tomatenpüree
Salz, Pfeffer
200 g Käse

Zubereitung:

① Zucchini putzen, waschen und in dicke Scheiben schneiden.
② Zwei Esslöffel Öl in einem Topf erhitzen. Zucchini darin andünsten und zugedeckt 5 Minuten garen.
③ Zwiebel und Knoblauch schälen und fein würfeln. Basilikum waschen und in feine Streifen schneiden.
④ Fleisch in eine Schüssel geben, Zwiebel, Knoblauch, zwei Drittel des Basilikums und das Ei zufügen. Alles verkneten und würzen.
⑤ Aus der Fleischmasse kleine Frikadellen formen und im heißen Öl braten.
⑥ Tomatenpüree mit Salz und Pfeffer abschmecken und in eine Auflaufform geben.
⑦ Käse in Scheiben schneiden. Zucchini, Frikadellen und Käse in die Form schichten.
⑧ Im vorgeheizten Backofen bei 225 Grad (Ober-/Unterhitze) 10 bis 15 Minuten backen. Mit dem restlichen Basilikum bestreuen.

Satter Herbstauflauf

Zubereitung:

1. Fleisch und Speck würfeln, den Speck etwas kleiner als das Schweinefleisch.
2. Öl in der Pfanne erhitzen. Das Schweinefleisch darin anbraten und herausnehmen.
3. Zwiebeln und Knoblauch schälen und fein hacken, dann zusammen mit dem Speck in Öl glasig braten.
4. Lauch und Paprika waschen, putzen und in Streifen schneiden. Tomaten überbrühen, häuten und achteln, Stielansätze herausschneiden. Kartoffeln schälen, waschen und in Scheiben schneiden.
5. Den Backofen auf 220 Grad (Ober-/Unterhitze) vorheizen.
6. Eine gefettete, feuerfeste Form mit der Hälfte der Kartoffeln auslegen. Darüber die Hälfte des Gemüses, dann das Fleisch und wieder Gemüse und Kartoffeln schichten. Jede Lage salzen und pfeffern und mit den anderen Gewürzen bestreuen. Butter in Flocken daraufsetzen.
7. Den Auflauf zugedeckt auf mittlerer Schiene 1 Stunde backen.
8. Sahne mit Eiern verquirlen und über den Auflauf gießen. Parmesan und Semmelbrösel über den Auflauf streuen, mit 1 EL Butterflocken besetzen und weitere 10 bis 15 Minuten ohne Deckel knusprig braun überbacken.

Zutaten:

500 g mageres Schweinefleisch
50 g durchwachsener Speck
3 EL Öl
2 Zwiebeln
2 Knoblauchzehen
2 Stangen Lauch
1 gr. grüne Paprika
4 Tomaten
500 g Kartoffeln
Salz, schwarzer Pfeffer (frisch gemahlen)
1 TL Paprikapulver)
Gem. Kümmel
Getr. Thymian
1 EL Butter
250 g saure Sahne
2 Eier
2 EL Parmesan
1 geh. EL Semmelbrösel

Gemüse-Aufläufe

Spargel-Gratin

Zutaten:

1,5 kg Spargel
Salz
1 Pr. Zucker
30 g Butter
½ EL Mehl
200 g Sahne
100 g ger. Käse
2 Eigelb
Salz, Muskat, Pfeffer

Zubereitung:

① Spargel schälen und in 250 ml Wasser mit Salz und Zucker kochen.
② Aus Butter und Mehl eine Schwitze herstellen, mit Spargelwasser und Sahne ablöschen, aufkochen lassen, den geriebenen Käse untermischen und mit dem Eigelb legieren. Die Soße mit Salz, Pfeffer und Muskat abschmecken.
③ Die abgetropften Spargelstangen in eine Gratinform legen und die Soße darübergießen.
④ Im Backofen bei 180 bis 200 Grad (Umluft) 20 Minuten überbacken.

Schinken-Bohnen-Auflauf

Zutaten:

600 g grüne Bohnen
60 g geräucherter Speck
2 Zwiebeln
1 Knoblauchzehe
2 EL gehackte Petersilie
150 g Schinkenwürfel
200 g saure Sahne
110 g ger. Gouda
3 Eier
weißer Pfeffer
1 TL Paprika
30 g Butter

Zubereitung:

① Bohnen ca. 10 Minuten gar kochen.
② Den geräucherten Speck ausbraten, Zwiebeln und Knoblauchzehe fein würfeln und im Speck goldgelb dünsten. Gehackte Petersilie und Schinken dazugeben.
③ Die saure Sahne mit 60 g Gouda, den Eiern, Pfeffer und Paprika verquirlen.
④ Die Hälfte der Bohnen in eine gebutterte Auflaufform füllen, darauf die Speckmischung geben, dann die zweite Hälfte Bohnen verteilen.
⑤ Den Auflauf mit der Eier-Sahne-Mischung übergießen, Butterflöckchen verteilen und den restlichen Käse überstreuen.
⑥ Bei 200 Grad (Ober-/Unterhitze) ca. 30 Minuten überbacken.

Spinat-Auflauf

Zubereitung:

1. Den Spinat kurz kochen und im Mixer pürieren.
2. Die Eier trennen, die Zwiebel fein hacken. Eiweiß steif schlagen
3. Spinat mit Zwiebel, Schinkenstreifen, Mehl, Eigelb, Dosenmilch, Gewürzen, etwas Tabascosoße und gehackter Petersilie verrühren. Eiweiß vorsichtig unterheben.
4. Den Boden der Auflaufform mit Butter einfetten.
5. Die Hälfte des Kartoffelbreis in die Form geben, den Spinat darüber verteilen.
6. Die hart gekochten Eier in Scheiben über den Spinat legen, mit Käsescheiben abdecken.
7. Den restlichen Kartoffelbrei darüber geben, mit Butterflöckchen belegen.
8. Bei 200 bis 220 Grad (Ober-/Unterhitze) ca. 50 Minuten zugedeckt garen.

Zutaten:

750 g frischer Spinat
2 Eier
1 gr. Zwiebel
125 g roher o. gekochter Schinken in Streifen
1 EL Mehl
etwas Dosenmilch
Salz, Pfeffer, Muskat
Tabascosoße
2 EL gehackte Petersilie
Kartoffelbrei von 2 kg Kartoffeln
4 hart gekochte Eier
Scheibenkäse
2 EL Butter

Gemüse-Aufläufe

Tomaten-Zucchini-Gratin

Zubereitung:

1. Tomaten, Zucchini und Schafskäse in Scheiben schneiden.
2. Zutaten dachziegelartig in eine flache Form schichten, mit Salz, Pfeffer und Oregano bestreuen und mit Olivenöl beträufeln.
3. Im vorgeheizten Ofen (220 Grad Ober-/Unterhitze) 20 Minuten backen.

Zutaten:

500 g Tomaten
500 g Zucchini
500 g eingelegter Schafskäse
Salz, Pfeffer, Oregano
3 EL Olivenöl

Topinambur-Auflauf

Zutaten:

250 g gewürfelter Tofu (Reformhaus)
3 EL Gyros-Gewürzmischung
3 EL Öl
500 g Topinambur (geputzt gewogen)
2 gehackte Zwiebeln
2 gepresste Knoblauchzehen
Meersalz, gemahlener Pfeffer
400 g Sauerkraut aus der Dose
50 g geröstete Sonnenblumenkerne
1 EL gerösteter Sesam

Für die Zucchini-Käse-Haube:
100 g ger. Zucchini
200 g Schmand
100 g ger. Emmentaler
1 Ei
Meersalz, Pfeffer

Gemüse-Aufläufe

Zubereitung:

① Tofu, Gyros-Gewürzmischung und Öl vermengen, zugedeckt mindestens 2 Stunden ziehen lassen, dann 2 EL Öl in der Pfanne erhitzen, Tofu-Würfel darin anbraten, herausnehmen.
② Topinambur in hauchdünne Scheiben schneiden, mit 2 EL Öl anbraten, Zwiebeln und Knoblauch dazugeben, mit Meersalz und Pfeffer würzen.
③ Das Sauerkraut etwas ausdrücken, grob zerschneiden und unterheben.
④ Sonnenblumenkerne, Sesam und die Tofuwürfel dazugeben, alles vermengen und in eine gefettete Auflaufform füllen.
⑤ Geriebene Zucchini, Schmand, 75 g Käse, Ei, Meersalz und Pfeffer verrühren und über den Auflauf geben.
⑥ Bei 200 Grad (Umluft) ca. 25 Minuten backen, mit dem restlichen Käse bestreuen und weitere 5 Minuten überbacken, bis der Käse geschmolzen ist.
⑦ Mit frischem grünen Salat servieren.

Überbackenes Gemüse

Zutaten:

1 kg Gemüse (Möhren, Sellerie, Wirsingkohl, Rosenkohl)
250 ml Wasser
Salz
200 g ger. Käse
4 EL Semmelbrösel
Butterflöckchen

Für die Béchamelsoße:
30–40 g Butter
1 Zwiebel
30 g Schinkenwürfel
40 g Mehl
125 ml Gemüsewasser und Milch
Salz
1 Ei (getrennt)

Alternativ für die Käsesoße:
40 g Butter
40 g Mehl
250 ml Gemüsewasser
125 g saure Sahne oder Sauermilch
je 1 Prise Zucker, Salz, Paprika
2 EL ger. Käse
Zitronensaft
1 Ei

Zubereitung:

① Geschnittenes Gemüse in Salzwasser kochen. Zum Überbacken eignen sich alle feinen Gemüsearten. Das Gemüse abtropfen lassen und in eine Auflaufform geben.
② Die zubereitete Béchamelsauce oder Käsesauce über das Gemüse geben. Käse und Semmelbrösel überstreuen und Butterflöckchen darüber verteilen.
③ Bei 160 Grad (Umluft) 20 bis 25 Minuten backen.

Überbackene Möhren

Zutaten:

1 kg Möhren
2 EL Butter
2 EL Mehl
125 ml Milch
Salz, Pfeffer
3 Eier
Petersilie
200 g ger. Käse

Zubereitung:

① Die Möhren putzen, in Scheiben schneiden und bissfest kochen.

② Butter in einem Topf zerlassen, Mehl einrühren und mit der Milch ablöschen. Mit Salz und Pfeffer abschmecken.
③ Eier hart kochen, pellen und in Scheiben schneiden. Petersilie klein hacken.
④ Den Ofen auf 180 bis 200 Grad (Umluft) vorheizen.
⑤ Möhren in eine gefettete Auflaufform schichten und mit Petersilie bestreuen.
⑥ Eischeiben darauf verteilen und mit der Soße übergießen. Zum Schluss den Käse überstreuen.
⑦ Den Auflauf auf mittlerer Schiene ca. 30 Minuten backen.

Weißkohl-Auflauf

Zubereitung:

① Weißkohl mit Brühe, Kümmel und Salz fast gar kochen, in ein Sieb geben, Gemüsewasser auffangen.
② Aus Mehl, Schmalz und Gemüsewasser eine dickflüssige Mehlschwitze herstellen.
③ Weißkohl in eine Auflaufform geben, die Soße darüber verteilen und mit Käse bestreuen. Mit Butterflöckchen versehen.
④ Bei 180 Grad (Umluft) ca. 30 Minuten backen.

Tipp

Dazu passen Rahmkartoffeln und in Ei und Speisestärke gewendete, gebratene Fleischwurstscheiben.

Zutaten:

1 kg Weißkohl (fein geschnitten)
250 ml Hühnerbrühe
Kümmel
½ TL Salz
3 EL Mehl
1 EL Schmalz
2 EL ger. Käse
Butterflöckchen

Wirsing-Auflauf

Zubereitung:

① Wirsing in feine Streifen schneiden, Champignons und Kartoffeln in Scheiben schneiden, Paprika in Würfel schneiden.

② Die Gemüsesorten nacheinander in der Gemüsebrühe vorgaren: Wirsing und Kartoffeln 5 Minuten, Champignons und Paprika 2 Minuten. Anschließend jeweils mit der Schaumkelle herausnehmen. Die Brühe auffangen.

③ 20 g Margarine schmelzen, das Mehl darin anschwitzen, Tomatenmark zugeben und 375 ml der Brühe und die Sahne unterrühren. Aufkochen und mit Salz und Pfeffer abschmecken.

④ Eine Auflaufform mit dem restlichen Fett ausfetten, mit Kartoffelscheiben auslegen, mit etwas Soße begießen. Dann das restliche Gemüse und die Soße in Lagen darüberschichten. Die letzte Lage Wirsing mit Paprika und Champignons garnieren.

⑤ Mit Käsestreifen belegen und bei 200 Grad (Ober-/Unterhitze) ca. 35 Minuten überbacken.

Zutaten:

1 Wirsing (ca. 1,2 kg)
500 g Champignons
500 g Kartoffeln
2 rote Paprikaschoten
500 ml Gemüsebrühe
30 g Margarine
40 g Mehl
3 EL Tomatenmark
125 g Sahne
Salz, Pfeffer
100 g Gouda in Streifen

Gemüse-Aufläufe

Kartoffel-
Aufläufe und -Gratins

Friesischer Kartoffel-Auflauf

Zubereitung:

1. Auflaufform mit Butter ausstreichen.
2. Kartoffeln in Scheiben schneiden und mit Schinken, Speckwürfeln und Zwiebelringen in die Form einschichten.
3. Die Gewürze mit Ei und Milch verquirlen und über die Zutaten gießen.
4. Mit geriebenem Käse und Paniermehl bestreuen. Zum Schluss die Butterflöckchen daraufsetzen.
5. Bei 175 Grad (Umluft) auf mittlerer Schiene 60 Minuten garen.

Zutaten:

1 EL Butter
1 kg gekochte Kartoffeln
200 g gekochter Schinken
75 g durchwachsene Speckwürfel
200 g Zwiebelringe
1 TL ger. Kümmel
1 TL Salz
1 TL weißer Pfeffer
½ TL Muskat
1 Ei
250 ml Milch
125 g ger. Edamer
6 EL Paniermehl
100 g Butterflöckchen

Kartoffel-Aufläufe und -Gratins

Tipp

Statt Schinken, Speckwürfeln und Zwiebelringen lassen sich auch Bratenreste, Champignons und Porreeringe verwenden.

Kartoffel-Apfel-Gratin

Zubereitung:

1. Kartoffeln, Äpfel und Zwiebeln in dünne Scheiben schneiden.
2. Nacheinander in eine leicht gefettete Form schichten und mit den Schinkenwürfeln belegen.
3. Sahne mit den Gewürzen leicht aufschlagen und über den Auflauf gießen, sodass eine gleichmäßige Schicht entsteht.
4. Das Gratin bei 200 Grad (Ober-/Unterhitze) bzw. 180 Grad (Umluft) 45 Minuten backen.

Zutaten:

500 g Kartoffeln (festkochend)
300 g Äpfel (mögl. säuerlich)
2 mittelgr. Zwiebeln
100 g Schinkenwürfel
200 g Sahne
Majoran, Thymian, Salz, Pfeffer
Fett für die Form

Jägerschmarren

Zubereitung:

1. Die Zwiebeln in Scheiben schneiden und mit wenig Fett in zugedeckter Pfanne dünsten.
2. Kartoffeln und Eier in Scheiben schneiden.
3. Alles in eine gefettete Form einschichten, zum Schluss die Kartoffeln.
4. Saure Sahne verquirlen, kräftig mit Salz und Pfeffer abschmecken mit den Schinkenwürfeln vermischen und über den Auflauf geben.
5. Bei 200 Grad (Ober-/Unterhitze) ca. 40 Minuten backen.

Zutaten:

4–5 Zwiebeln
1 TL Fett
1,5 kg Pellkartoffeln (vom Vortag)
6–8 hart gekochte Eier
300 g rohe Schinkenwürfel
400 g saure Sahne
Salz, Pfeffer

Kartoffel-Auflauf in Käsesoße

Zutaten:

100 g Grünkern
Meersalz
1 kg Kartoffeln
2 hart gekochte Eier
200 g Sahne
175 g mittelalter Gouda
100 ml Milch
2 Eier
Cayennepfeffer, Muskat
1 Kästchen Kresse
Fett für die Form

Zubereitung:

① Grünkern waschen und in reichlich Wasser ca. 4 Stunden quellen lassen. Anschließend in der Flüssigkeit mit etwas Salz ca. 45 Minuten bei mittlerer Hitze im geschlossenen Topf garen, dann abtropfen lassen.

② Inzwischen Kartoffeln ca. 20 Minuten garen. Eier in Scheiben schneiden.

③ Für die Soße Sahne erhitzen. 2 Scheiben Käse abschneiden, diagonal halbieren und beiseitelegen. Restlichen Käse reiben und in der Sahne schmelzen lassen.

④ Milch und Eier verquirlen und in die nicht kochende Soße rühren. Grünkern unterheben und mit Salz, Cayennepfeffer und Muskat abschmecken.

⑤ Kartoffelscheiben in einer gefetteten Form verteilen, Grünkernmischung darübergeben.

⑥ Vor dem Servieren geschnittene Kresse über den Auflauf streuen.

Kartoffel-Porree-Auflauf

Zutaten:

1,5 kg Pell- oder Salzkartoffeln
4 Stangen Porree
300 g gekochter Schinken
250 g Sahne
200 g Crème fraîche
2 Eier
Salz, Pfeffer
Knoblauch

Zubereitung:

① Kartoffeln, Porree und Schinken fein schneiden und in eine Auflaufform schichten.

② Sahne, Crème fraîche und Eier verrühren, mit Salz, Pfeffer und Knoblauch würzen und über den Auflauf gießen.
③ Bei 170 Grad (Ober-/Unterhitze) 60 Minuten backen.

Tipp

Dazu passen Frikadellen, Bratwurst oder Schnitzel.

Kartoffel-Eier-Auflauf

Zutaten:

600 g Kartoffeln
2 gr. Äpfel
1 gr. Zwiebel
4 Möhren
20 g Butter
Salz, Pfeffer
Zimt
3 Eier
150 g Sahne
50 g Walnusskerne

Zubereitung:

① Kartoffeln, Äpfel, Zwiebel und Möhren schälen. Die Möhren raspeln, das restliche Gemüse und die Äpfel in dünne Scheiben schneiden.
② Die Kartoffelscheiben in leicht gesalzenem Wasser blanchieren.
③ Eine Auflaufform mit Butter ausstreichen.
④ Abwechselnd Kartoffeln, Zwiebel, Möhren und Äpfel hineinschichten und mit Salz und Pfeffer würzen. Die letzte Apfelschicht mit etwas Zimt bestreuen.
⑤ Eier mit Sahne verrühren, mit Salz und Pfeffer abschmecken und über den Auflauf geben.
⑥ Walnusskerne darauf geben und den Auflauf bei 170 Grad (Ober-/Unterhitze) ca. 40 Minuten backen.

Kartoffel-Tomaten-Auflauf

Zutaten:

1,5 kg Kartoffeln
750 g Tomaten
200 g Corned beef
1 EL Butter
3 Eier
150 g saure Sahne
Salz, Pfeffer
1 TL Oregano

Zubereitung:

1. Kartoffeln und Tomaten in Scheiben und Corned beef in Stücke schneiden.
2. Auflaufform mit Butter ausfetten.
3. Eier mit saurer Sahne und Pfeffer und Salz verquirlen.
4. Kartoffeln, Tomaten und Corned beef abwechselnd in die Form schichten und mit Soße übergießen. Oregano darüberstreuen.
5. Bei 200 Grad (Ober-/Unterhitze) 30 bis 40 Minuten backen.

Kartoffel-Kohlrabi-Gratin

Zutaten:

1 kg Kartoffeln
1 kg Kohlrabi
Salz, Pfeffer
2 EL Mehl
50 g Margarine
500 ml Milch
125 g Sahne
150 ml Weißwein
150 g ger. Gouda
100 g gewürfelter Speck
3 EL Schnittlauch

Zubereitung:

1. Kartoffeln kochen und pellen.
2. Kohlrabi schälen und in 0,5 cm dicke Scheiben schneiden. Beides in eine Auflaufform schichten, mit Salz und Pfeffer würzen.
3. Aus Mehl und Margarine eine Mehlschwitze herstellen. Milch, Sahne und Weißwein zur Mehlschwitze geben, aufkochen und 5 Minuten kochen lassen, mit Salz und Pfeffer würzen. Die Soße über Kartoffeln und Kohlrabi gießen.
4. Käse und Speck über das Gratin geben.
5. Bei 180 Grad (Umluft) ca. 50 Minuten im Backofen überbacken.
6. Vor dem Servieren Schnittlauch darüberstreuen.

Kartoffel-Grünkern-Auflauf

Zutaten:

2 Zwiebeln
3 EL Sojaöl
200 g Grünkern
1 Brühwürfel
4 Eier
150 g Crème fraîche
750 g Kartoffeln
Salz, Pfeffer, Muskat
1 Töpfchen frischer o. 1 TL getr. Kerbel
200 g Schmand
einige Petersilienblätter zum Garnieren

Zubereitung:

1. Zwiebeln schälen und fein würfeln.
2. Sojaöl erhitzen, Zwiebeln und Grünkern darin anschwitzen. Mit 500 ml Wasser ablöschen, den Brühwürfel zufügen und zugedeckt 30 Minuten garen.
3. Eier mit Crème fraîche verrühren.
4. Kartoffeln schälen und waschen und mit der Rohkostreibe (Pufferreibe) sofort in die Eiermasse reiben, damit sie nicht braun werden. Mit Salz, Pfeffer und Muskat kräftig würzen.
5. Backofen auf 200 Grad (Ober-/Unterhitze) vorheizen.
6. Eine feuerfeste Form einfetten. Zuerst die Hälfte der Kartoffelmenge einschichten, dann den Grünkern darauf verteilen. Nun den Rest der Kartoffeln zufügen.
7. Ca. 45 Minuten goldbraun backen.
8. In der Zwischenzeit den Kerbel waschen, die Blättchen von den Stielen zupfen und unter den Schmand rühren. Mit Salz und Pfeffer würzen.
9. Den Kartoffel-Grünkern-Auflauf mit dem Kerbel-Rahm anrichten und den Auflauf mit Petersilie garnieren.

Rosenkohl-Auflauf

Zutaten:

1 kg Kartoffeln
Salz
250–500 ml Milch
1 EL Butter
Muskat
750 g Rosenkohl
500 g Kasseler
Paniermehl
50 g ger. Emmentaler
Butterflöckchen

Zubereitung:

1. Kartoffeln schälen, in Salzwasser garen, abgießen und stampfen. Milch, Butter und Muskat dazugeben und zu Kartoffelbrei verarbeiten.
2. Rosenkohl putzen und bissfest garen. Kasseler in Würfel schneiden.
3. Backofen auf 180 Grad (Umluft) vorheizen.
4. Kartoffelbrei, Rosenkohl und Kasseler in eine gefettete Auflaufform schichten, Kartoffelbrei bildet die oberste Schicht.
5. Auflauf mit Paniermehl, Käse und Butterflöckchen bestreuen.
6. Ca. 40 Minuten backen.

Kartoffel-Möhren-Auflauf

Zubereitung:

1. Kartoffeln und Möhren in Scheiben schneiden und in einer gefetteten Auflaufform in der Mikrowelle oder dem Backofen 8 bis 10 Minuten vorgaren.
2. Den Schinkenspeck darüberstreuen.
3. Sahne, Eier und Gewürze verquirlen und übergießen.
4. Käse und Paniermehl über den Auflauf streuen.
5. Bei 180 Grad (Umluft) ca. 30 Minuten backen.

Zutaten:

1 kg Kartoffeln
1 kg Möhren
150 g gewürfelter Schinkenspeck
200 g Sahne
3 Eier
Salz, Pfeffer, Muskat
100 g ger. Käse
1 EL Paniermehl

Tipp

Statt der Möhren kann man Zucchini und statt des Schinkenspecks Mett nehmen. Als Gewürze passen dann statt Muskat besser Oregano und Knoblauchsalz.

Klassischer Kartoffel-Auflauf

Zutaten:

1 kg Kartoffeln
3 EL Butter
2 EL Mehl
250 ml Wasser
250 ml Milch
1 TL klare Brühe (Instant)
Salz, Pfeffer
1 Eigelb
150 g ger. Gouda

Zubereitung:

1. Kartoffeln kochen, pellen und in Scheiben schneiden.

② 2 EL Butter in einem Topf erhitzen, Mehl einrühren, mit Wasser und Milch ablöschen und unter Rühren aufkochen lassen. Klare Brühe einrühren und ca. 5 Minuten einkochen lassen. Mit Salz und Pfeffer kräftig abschmecken und mit Eigelb legieren. Zwei Drittel des Käses unterheben.
③ Kartoffeln vorsichtig mit der Soße verrühren und alles in eine feuerfeste Form füllen.
④ Den restlichen Käse überstreuen, restliche Butter in Flöckchen aufsetzen.
⑤ Bei 200 bis 225 Grad (Ober-/Unterhitze) 15 bis 20 Minuten backen.

Tipp

Dazu schmecken heiße Würstchen und grüner Salat.

Zucchini-Auflauf

Zubereitung:

① Die gekochten Kartoffeln in Scheiben schneiden. Mett mit 1 Ei, Zwiebel, Salz und Pfeffer verkneten.
② Zucchini waschen und ungeschält in dünne Scheiben schneiden.
③ Die Sahne mit dem zweiten Ei, Salz, Pfeffer, Petersilie und etwas geriebenem Käse verquirlen.
④ Einen Teil der Sahnesoße in eine Auflaufform geben. Schichtweise Kartoffel- und Zucchinischeiben (beides etwas salzen) und Mett einfüllen, mit der Sahnesoße übergießen und dem geriebenen Käse bestreuen.
⑤ Bei 220 Grad (Ober-/Unterhitze) 40 Minuten mit Deckel und anschließend 10 Minuten ohne Deckel backen.
⑥ Vor dem Servieren mit Schnittlauchröllchen bestreuen.

Zutaten:

1 kg Pellkartoffeln
350 g Mett
2 Eier
1 gewürfelte Zwiebel
Salz, Pfeffer
640 g Zucchini
250 g Sahne
2 EL gehackte Petersilie
200 g ger. Käse
2 EL Schnittlauchröllchen

Tipp

Schmeckt gut zu Steaks und dunklen Braten.

Schnelles Kartoffel-Gratin

Zutaten:

500 g gekochte Kartoffeln
2 Zwiebeln
1 Knoblauchzehe
125 g gekochter Schinken
2 Bund Petersilie
50 g Butter
Salz
weißer Pfeffer aus der Mühle
je eine Prise Muskat und gemahlener Kümmel
2 EL Crème fraîche
125 g saure Sahne
1 Ei
60 g ger. Emmentaler

Kartoffel-Aufläufe und -Gratins

Zubereitung:

① Kartoffeln in Scheiben schneiden.
② Zwiebeln und Knoblauchzehe schälen, Zwiebeln in Ringe schneiden, Knoblauch fein hacken.
③ Gekochten Schinken in Streifen oder Würfel schneiden. Petersilie fein hacken.
④ 30 g Butter in einer Pfanne erhitzen und die Zwiebeln darin goldgelb braten. Knoblauch hinzufügen. Dann die Kartoffelscheiben, Schinken und Petersilie untermischen. Mit Salz, Pfeffer, Muskat und Kümmel würzen.
⑤ Backofen auf 220 Grad (Ober-/Unterhitze) vorheizen.
⑥ Eine feuerfeste Form leicht mit Butter einfetten und Crème fraîche auf dem Boden verstreichen. Die Kartoffelmischung hineingeben.
⑦ Saure Sahne mit dem Ei verquirlen, etwas würzen und die Hälfte des Käses unterrühren. Über die Kartoffeln gießen und mit dem restlichen Käse bestreuen. Die restliche Butter in Flöckchen darüber verteilen.
⑧ Gratin auf mittlerer Schiene 15 bis 20 Minuten backen, bis es eine goldbraune Kruste bekommt.

Zucchini-Kartoffel-Gratin

Zubereitung:

① Die abgepellten Kartoffeln in dünne Scheiben schneiden. Die gewaschenen Zucchini ebenfalls in Scheiben schneiden. Beides schuppenartig in eine große, flache, gefettete Auflaufform schichten, mit Salz und Pfeffer würzen und mit Butterflöckchen belegen.
② Die Sahne steif schlagen, zerkleinerte Knoblauchzehe und Thymian untermischen und auf das Gemüse streichen.
③ Bei 200 Grad (Umluftherd 175 Grad) 35 Minuten garen.

Zutaten:

750 g Pellkartoffeln
400 g Zucchini
Salz
Pfeffer
40 g Butter
250 g Sahne
1 Knoblauchzehe
1 TL Thymian

Kartoffel-Mettwurst-Auflauf

Zubereitung:

① Zwiebeln und Kartoffeln in Scheiben schneiden.
② Zwiebeln in Margarine goldgelb dünsten, Kartoffeln dazugeben und anbraten, mit Salz und Pfeffer würzen und in eine gefettete Auflaufform geben.
③ Mettwurst in Streifen schneiden und auf die Kartoffel-Zwiebel-Masse geben.
④ Eier mit Crème fraîche und Mehl verrühren, den Frischkäse unterheben und die Mischung über den Auflauf gießen.
⑤ Bei 200 Grad (Umluft) ca. 40 Minuten backen.

Zutaten:

200 g Zwiebeln
350 g gekochte Kartoffeln
50 g Margarine
Salz, Pfeffer
150 g Mettwurst
6 Eier
200 g Crème fraîche
2 TL Mehl
350 g körniger Frischkäse

Brot-Auflauf mit Fleischfüllung

Zubereitung:

1. Die Hälfte der Brotscheiben auf die Arbeitsfläche legen.
2. Zwiebeln und Möhren würfeln. Tomaten abziehen und in Würfel schneiden.
3. Zwiebeln und Möhren in Butter andünsten, Hackfleisch zugeben, bei starker Hitze 3 bis 4 Minuten anbraten. Tomaten zufügen. Mit Gewürzen abschmecken und mit Ei binden.
4. Die Füllung auf die ausgelegten Brotscheiben verteilen und jeweils mit einer zweiten Scheibe zudecken.
5. Eine große Auflaufform mit Butter ausstreichen. Die gefüllten Brote schuppenartig hineinlegen und mit Fleischbrühe befeuchten.
6. Alle Zutaten für den Guss verrühren und über die Brote gießen.
7. Bei 200 Grad (Ober-/Unterhitze) auf der unteren Schiene ca. 20 Minuten backen. Dann mit Käse und der Butter bestreuen und weitere 15 bis 20 Minuten backen, bis die Oberfläche knusprig braun ist.
8. Mit frischem Salat servieren.

Zutaten:

30–40 kleine Weißbrotscheiben, 1 cm dick
50 g Zwiebeln
50 g Möhren
2 Tomaten
30 g Butter
200 g Hackfleisch
¼ TL Salz
1 TL Paprikapulver
gem. Pfeffer
etwas Thymian
1 Ei
50 g Butter
250 ml Fleischbrühe

Für den Guss:
250 ml Milch
125 g Sahne
4 Eier
1 TL Salz

Zum Belegen:
60 g ger. Käse
(z. B. Greyerzer)
Butter in Flöckchen

Fleisch-Aufläufe

Bohnenkeime-Auflauf

Zutaten:

700 g Bohnenkeime aus dem Glas
2 Zwiebeln
350 g gemischtes Hackfleisch
4 EL Öl
Salz, Pfeffer
150 g Reis
3 Bund Schnittlauch
6 Eier
250 g Schlagsahne
3 EL Semmelbrösel
50 g Butter

Zubereitung:

① Die Bohnenkeime abspülen und abtropfen lassen. Die Zwiebeln pellen und würfeln.
② Das Hackfleisch in heißem Öl anbraten, Zwiebeln zugeben und glasig braten. Herzhaft mit Salz und Pfeffer würzen und in eine Auflaufform füllen.
③ Den Reis in Salzwasser 10 Minuten vorgaren. Abgetropft mit dem fein geschnittenen Schnittlauch mischen und über dem Hack verteilen.
④ Bohnenkeime einfüllen und würzen.
⑤ Eier mit der Sahne verrühren, würzen und über den Auflauf gießen.
⑥ Den Auflauf mit Semmelbröseln bestreuen und mit Butterflöckchen besetzen.
⑦ Bei 210 bis 230 Grad (Ober-/Unterhitze) ca. 45 Minuten backen.

Eier-Schinken-Auflauf

Zutaten:

6 hart gekochte Eier
150 g gekochter Schinken
2 EL Butter oder Margarine
30 g Mehl
250 ml Milch
Salz, Pfeffer, Muskat, Knoblauchpulver
250 g Sahne
200 g ger. Emmentaler
Semmelbrösel
20 g Butter

Zubereitung:

① Die Eier pellen und in Scheiben schneiden. Den Schinken in schmale Streifen schneiden.
② Butter in einem Topf zerlassen, das Mehl darüberstäuben und die Milch unter ständigem Rühren zufügen. Kurz aufkochen lassen, mit Salz, Pfeffer, Muskat und Knoblauchpulver abschmecken und mit der Sahne verfeinern.

③ Backofen auf 200 Grad (Ober-/Unterhitze) vorheizen.
④ Eine feuerfeste Form ausfetten. Abwechselnd Eierscheiben, Schinken und Käse einschichten und jeweils mit etwas Soße übergießen. Semmelbrösel darüberstreuen und die Butter in Flöckchen darauf verteilen.
⑤ Ca. 30 Minuten backen.

Tipp

Dazu schmeckt ein kräftiges Bauernbrot.

Kasseler-Auflauf

Zutaten:

1,5 kg Kasseler
500 g Sahne
125 g Butter
400 g Schmelzkäse (halb Sahne-, halb Kräuterkäse)
490 g Ananasstücke aus der Dose (Abtropfgewicht)

Zubereitung:

① Kasseler am Vortag garen und in Scheiben schneiden.
② Sahne und Butter erhitzen (nicht kochen) und den Käse darin schmelzen.
③ Fleisch in eine gefettete Auflaufform schichten, mit Ananasstücken belegen und die Sahnesoße darüber verteilen.
④ Den Auflauf ohne Deckel bei 200 Grad (Umluft) 30 Minuten backen.

Fleisch-Aufläufe

Fleisch-Auflauf

Zutaten:

800 g Schweinefilet
Pfeffer, Salz
500 g Pilze
etwas Brühe
1 EL Mehl
250 g Sahne
4 EL Rotwein
1 Knoblauchzehe
Salz, Pfeffer, Paprika, Muskat
Petersilie
100 g ger. Edamer

Zubereitung:

1. Das Filet in Stücke schneiden (Medaillons), mit Pfeffer und Salz würzen und kurz von beiden Seiten anbraten.
2. Die Pilze in dem Bratensud schmoren lassen, mit etwas Brühe übergießen und mit Mehl eine dickliche Soße bereiten.
3. Zum Schluss Sahne, Rotwein, geriebene Knoblauchzehe und die Gewürze mit der Petersilie zufügen.
4. Die Filets in eine Auflaufform legen, die Soße darübergießen und mit geriebenem Käse bestreuen.
5. Bei 225 Grad (Ober-/Unterhitze) etwa 30 Minuten überbacken.

Tipp

Dazu frisches Weißbrot und einen grünen Salat reichen.

Frikadellen-Auflauf

Zutaten:

1 gr. gehackte Zwiebel
1 Ei
Salz, Pfeffer, Paprika
500 g Hackfleisch
Semmelbrösel
50 g Bratfett
500 g gekochte Pellkartoffeln
4 EL Margarine
2 EL Mehl
1 kl. Zwiebel, gehackt
250 ml klare Fleischbrühe (Würfel)
200 g saure Sahne
30 g ger. Gouda
2 EL Semmelbrösel
Petersilie

Tipp: Dazu gemischten Salat reichen.

Zubereitung:

① Zwiebel, Ei und Gewürze vermischen, zum Hackfleisch geben, Semmelbrösel dazugeben, einen glatten Fleischteig kneten und abschmecken.
② 4 bis 8 Frikadellen formen, im heißen Fett auf beiden Seiten 3 Minuten braten.
③ Eine rechteckige, große Auflaufform mit dem Bratfett einfetten.
④ Frikadellen in der Mitte längs einschichten, zu beiden Seiten die in Scheiben geschnittenen, leicht gesalzenen Kartoffeln einfüllen.
⑤ 3 EL Margarine im Topf erhitzen, Mehl darin anschwitzen und die gehackte Zwiebel dazugeben. Mit der Fleischbrühe ablöschen, die saure Sahne unterrühren und mit Salz abschmecken.
⑥ Soße auf den Frikadellen und den Kartoffeln verteilen, mit Käse und Semmelbröseln bestreuen. Restliche Margarine in Flöckchen darauf verteilen.
⑦ Bei 200 Grad (Ober-/Unterhitze) 25 bis 30 Minuten backen.
⑧ Den fertigen Auflauf mit Petersilie bestreuen.

Gratinierter Fleischtopf

Zutaten:

300 g Auberginen
250 g Zucchini
1 Zwiebel
1 Knoblauchzehe
1 grüne Paprika
1 rote Paprika
150 g Champignons
4 Tomaten
8 EL Olivenöl
evtl. Tomatenmark
250 g saure Sahne
Salz, Pfeffer
600 g Rinderfilet
4 Scheiben Käse
Butter
Semmelbrösel

Zubereitung:

① Auberginen und Zucchini waschen und in Würfel schneiden.
② Zwiebel und Knoblauch abziehen und fein würfeln.
③ Paprika vierteln, entkernen, waschen und in Würfel schneiden. Champignons waschen und halbieren. Tomaten enthäuten und zerkleinern.
④ 4 EL Öl erhitzen, Zwiebel, Knoblauch und Paprika darin dünsten. Das übrige Gemüse dazugeben und weitere 10 Minuten dünsten. Eventuell etwas Tomatenmark beifügen.
⑤ Saure Sahne unterrühren und mit Salz und Pfeffer würzen.
⑥ Das Filet in ca. 2 x 2 cm große Stücke schneiden und im restlichen Öl anbraten.
⑦ Fleisch würzen, mit dem Gemüse vermengen, in eine feuerfeste Form geben und mit Käsescheiben belegen.
⑧ Auf den Käse kleine Butterstückchen geben und mit Semmelbröseln bestreuen.
⑨ Den Fleischtopf bei 250 Grad (Ober-/Unterhitze) 15 Minuten überbacken.

Tipp

Dazu passt am besten Weißbrot oder Reis. Ebenso gut schmeckt der Fleischtopf, wenn man statt Rinderfilet Schnitzelfleisch verwendet.

Fleisch-Aufläufe

Tipp

Als Beilage zum Früchteschnitzel eignen sich Reis, Nudeln und gemischter Salat.

Früchteschnitzel

Zubereitung:

① Die Schnitzel mit Salz und Knoblauch einreiben, von beiden Seiten anbraten und in eine Auflaufform legen.
② Früchte, Mais und Champignons abtropfen lassen, im gleichen Fett anbraten, mit 3 bis 4 Esslöffeln Saft ablöschen und andicken.
③ Mehl und Sahne unterrühren. Mit den Gewürzen abschmecken und über die Schnitzel geben.
④ Den geriebenen Käse darüber verteilen.
⑤ Bei 200 Grad (Ober-/Unterhitze) 30 bis 40 Minuten garen.

Zutaten:

4–6 Puten- oder Hähnchenschnitzel
Rauchsalz
Knoblauch
2 EL Butterschmalz
400 g Cocktailfrüchte aus der Dose
400 g Mais aus der Dose
400 g ganze Champignons aus der Dose
2–3 EL Mehl
200 g saure Sahne
200 g Sahne
Fondor, Curry, Pfeffer
250 g ger. Käse

Fleisch-Aufläufe

Hackbraten mit Kartoffel-Gratin

Zubereitung:

① Brötchen in Wasser einweichen, gut ausdrücken. Petersilie waschen und fein hacken.
② Beides mit Ei und Hackfleisch mischen und würzen.
③ Käse in Stifte schneiden.
④ Fleischteig zu einem länglichen Laib formen. Den Käse in die Mitte der Masse drücken. In gebutterte Auflaufform setzen.
⑤ Kartoffeln schälen und zu Scheiben hobeln. Würzen, mit Milch oder Sahne mischen. Um das Hackfleisch verteilen.
⑥ Bei 200 Grad (Umluft) 60 Minuten backen.

Zutaten:

1 altbackenes Brötchen
1 Bund Petersilie
1 Ei
500 g gemischtes Hackfleisch
Salz, Senf, Pfeffer, Muskat
200 g Gouda
1 kg Kartoffeln
250 ml Milch oder Sahne

Geflügel-Reis-Auflauf

Zutaten:

250 g Naturreis
250 g gekochtes Geflügelfleisch
200 g Champignons (frisch oder aus der Dose)
2 EL Butter
2 Zwiebeln
1 EL Mehl
500 ml Hühnerbrühe
etwas Zitronensaft oder Weißwein
Paprika, Pfeffer, Salz
2 Eier
3 EL Sahne oder Dosenmilch
2 EL Semmelbrösel
2 EL ger. Käse
1 EL Butter

Zubereitung:

① Den Naturreis garen und das Geflügelfleisch würfeln.
② Die Champignons blättrig schneiden und mit der Butter in einem Topf erhitzen. Die Zwiebeln darin glasig dünsten.
③ Mehl darüberstäuben, Hühnerbrühe, Zitronensaft bzw. Wein und die Gewürze dazugeben. Soße eindicken lassen.
④ Die Eier trennen und die Eigelbe mit der Sahne verrühren. Die Soße damit legieren und alles vermischen. Eiweiß steif schlagen und unterheben.
⑤ Alle Zutaten in eine gefettete Auflaufform geben und mit Semmelbröseln und Käse bestreuen. Butter in Flöckchen darauf verteilen.
⑥ Bei 200 Grad (Ober-/Unterhitze) ca. 30 Minuten backen.

Mett-Auflauf

Zutaten:

2 kg gekochte Pellkartoffeln
6 dicke Zwiebeln
Butter
1 kg Thüringer Mett
800 g Champignons aus der Dose
250 g Zigeunersoße

Zubereitung:

① Kartoffeln pellen und in Scheiben schneiden. Die Zwiebeln ebenfalls in Scheiben schneiden und in Butter andünsten.
② Die Hälfte der Kartoffeln in eine Auflaufform geben. Darüber das Mett, die angedünsteten Zwiebeln, die Champignons, die Zigeunersoße und die restlichen Kartoffeln schichten.
③ Den Auflauf bei 200 Grad (Ober-/Unterhitze) mit geschlossenem Deckel ca. 90 Minuten garen.

Hack-Auflauf mit Sauerkraut

Zutaten:

850 g Sauerkraut aus der Dose
1 gr. Zwiebel
240 g Ananasstücke aus der Dose
30 g Zucker
500 ml Brühe
750 g Kartoffeln
Salz
750 g gemischtes Hackfleisch
Pfeffer
25 g Semmelbrösel
30 g Butter
1 Bund Schnittlauch

Tipp: Der Auflauf kann gut am Vortag zubereitet oder auch vorbereitet eingefroren werden. Zum Auftauen über Nacht in den Kühlschrank stellen, dann mit Folie abgedeckt bei 200 Grad 40 Minuten im Backofen garen.

Fleisch-Aufläufe

Zubereitung:

1. Zwiebel schälen, würfeln und in heißem Bratfett anschwitzen.
2. Sauerkraut, Ananas mit Saft, Zucker und 250 ml Brühe dazugeben. 20 bis 30 Minuten zugedeckt garen.
3. Kartoffeln schälen und in Scheiben schneiden. 15 Minuten in Salzwasser garen, dann abtropfen lassen.
4. Den Backofen auf 200 Grad (Ober-/Unterhitze) vorheizen.
5. Das Hackfleisch in einer Pfanne ohne Fett krümelig anbraten und mit Salz und Pfeffer würzen. Restliche Brühe dazugießen.
6. Die Sauerkrautmischung, Kartoffelscheiben und Hack in eine gefettete ofenfeste Auflaufform schichten.
7. Mit Semmelbröseln bestreuen und Butter in Flöckchen daraufsetzen.
8. Den Auflauf auf der zweiten Schiene von unten 35 bis 40 Minuten backen.
9. Vor dem Servieren Schnittlauch überstreuen.

Hackfleisch-Pfirsich-Torte

Zutaten:

850 g Pfirsiche aus der Dose
2 Knoblauchzehen
2 Zwiebeln
3 EL Öl
500 g gemischtes Hackfleisch
Salz, Pfeffer
250 g Champignons
100 g ger. Emmentaler
2 Eigelb

Fleisch-Aufläufe

Zubereitung:

① Pfirsiche abtropfen lassen und in Spalten schneiden.
② Knoblauch und Zwiebeln schälen. Knoblauch zerdrücken, Zwiebeln würfeln.
③ 1 EL Öl in der Pfanne erhitzen. Knoblauch, Zwiebeln und Hackfleisch darin anbraten, mit Salz und Pfeffer würzen und etwas abkühlen lassen.
④ Champignons putzen, waschen, abtropfen lassen und in Scheiben schneiden. Pilze in restlichem Öl anbraten.
⑤ Den Backofen auf 225 Grad (Ober-/Unterhitze) vorheizen.
⑥ Hackfleisch mit Käse und Eigelb verkneten.
⑦ Die Hälfte der Hackfleischmasse in eine gefettete Auflaufform füllen und je zwei Drittel der Pfirsiche und der Pilze darauf verteilen. Restliches Hack darübergeben, mit den übrigen Pilzen und Pfirsichen belegen.
⑧ Die Hackfleisch-Pfirsich-Torte ca. 20 Minuten überbacken.

Kohlrabi-Auflauf mit Putenbrust

Zubereitung:

1. Kohlrabi schälen, in Scheiben schneiden und in kochendem Salzwasser etwa 2 Minuten blanchieren (grüne, zarte Blättchen beiseitelegen).
2. Zwiebeln pellen und fein hacken, Schnittlauch und Kohlrabiblättchen klein schneiden.
3. Putenschnitzel schräg zur Faser in etwa 2 cm breite Streifen schneiden. 1 EL Butter erhitzen und das Fleisch braun anbraten, salzen, pfeffern und aus der Pfanne nehmen.
4. Den Backofen auf 200 Grad (Ober-/Unterhitze) vorheizen.
5. Die Zwiebeln in der Pfanne im verbliebenen Bratfett andünsten, die Sahne und den Kräuterfrischkäse einrühren und um ein Drittel einkochen lassen. Mit Salz, Pfeffer und Muskat würzen. Den Schnittlauch und die Kohlrabiblättchen unterrühren.
6. Eine feuerfeste Form mit der restlichen Butter ausfetten, Kohlrabischeiben dachziegelartig hineinlegen und die Putenbruststreifen dazwischengeben.
7. Die Sahne-Käse-Mischung darübergießen.
8. Den Auflauf ca. 45 Minuten backen.

Zutaten:

750 g Kohlrabi
Salz
2 kl. Zwiebeln
1 Bund Schnittlauch
500 g Putenschnitzel
3 EL Butter
weißer Pfeffer
200 g Sahne
150 g Kräuterfrischkäse
Muskat

Fleisch-Aufläufe

Zutaten:

500 g Kartoffeln
1 kl. Blumenkohl
250 ml klare Instantbrühe
10 g Butter
15 g Mehl
375 ml Milch
Salz, Pfeffer, Muskat
100 g ger. Gouda
1 Bund Schnittlauch
8 dünne Scheiben Leberkäse
(ca. 200 g)

Leberkäse mit Blumenkohl

Zubereitung:

① Kartoffeln schälen, waschen und in Scheiben schneiden. Blumenkohl putzen, waschen, in Röschen teilen, beides zugedeckt in der Brühe ca. 10 Minuten garen.
② Fett erhitzen, Mehl darin anschwitzen, mit Milch ablöschen und aufkochen. Würzen, 50 g Käse unterrühren und in der Soße schmelzen lassen.
③ Den Backofen auf 200 Grad (Ober-/Unterhitze) vorheizen.
④ Schnittlauch waschen und in Röllchen schneiden. Kartoffeln und Blumenkohl abgießen.
⑤ Das Gemüse in eine gefettete Auflaufform (30 cm Durchmesser) schichten. Den Leberkäse darauflegen. Mit Soße übergießen. Den restlichen Käse überstreuen.
⑥ Den Auflauf ca. 20 Minuten überbacken.
⑦ Vor dem Servieren mit Schnittlauch bestreuen.

Quark-Hack-Schichtauflauf

Zubereitung:

① Brötchen einweichen. Zwiebel schälen und würfeln. Hack, ausgedrücktes Brötchen, Zwiebel und 1 Ei verkneten. Mit Salz und Pfeffer abschmecken.
② Gurke waschen, längs halbieren, entkernen und in 0,5 cm dicke Scheiben schneiden. Dill waschen und fein hacken.
③ Den Backofen auf 200 Grad (Ober-/Unterhitze) vorheizen.
④ Restliche Eier trennen. Quark, Eigelb, Dill, Salz und Pfeffer verrühren. Eiweiß steif schlagen und unter die Quarkmasse heben.
⑤ Hack, Gurken und die Quarkmasse in eine Auflaufform schichten.
⑥ Den Auflauf 25 bis 30 Minuten überbacken.

Zutaten:

1 altbackenes Brötchen
1 Zwiebel
500 g gemischtes Hackfleisch
3 Eier
Salz, Pfeffer
1 Salatgurke
2 Bund Dill
250 g Sahnequark

Fleisch-Aufläufe

Schinken-Austern-pilze-Gratin

Zubereitung:

① Schinken in Streifen schneiden, die Zwiebeln würfeln, die Pilze waschen, halbieren und mit den anderen Zutaten in eine gefettete Gratinform schichten.

② Eigelb und Wasser verquirlen und im Wasserbad schaumig schlagen. Butter schmelzen und lauwarm unterrühren, bis eine Creme entsteht. Die Creme mit Zitronensaft, Pfeffer und Salz abschmecken und über die Pilzmischung gießen. Estragonblätter darüber verteilen.

③ Im Ofen bei 150 Grad (Ober-/Unterhitze) 20 Minuten gratinieren.

Zutaten:

250 g gekochten Schinken
2 gr. Zwiebeln
600 g frische Austernpilze
3 Eigelb
3 EL Wasser
25 g Butter
Zitronensaft
Salz, Pfeffer, Estragonblätter

Fleisch-Aufläufe

Tipp

Dazu schmecken Baguette oder Salzkartoffeln.

Fisch-Auflauf, indische Art

Zubereitung:

① Reis in Pflanzenfett hellgelb rösten, mit Wasser auffüllen, mit Salz und Curry würzen, 10 Minuten bei schwacher Hitze quellen lassen.
② Zwiebeln in Ringe schneiden, in Fett goldgelb dünsten.
③ Tomaten häuten und in Scheiben schneiden.
④ Fisch säubern, evtl. entgräten, in größere Stücke schneiden, säuern und salzen.
⑤ Reis, Zwiebeln, Tomaten und Fisch in eine gefettete Auflaufform geben.
⑥ Eier, Sahne und Salz verquirlen, darübergießen.
⑦ Semmelbrösel überstreuen, mit Butterflöckchen besetzen.
⑧ Bei 180 Grad (Umluft) 60 Minuten backen.

Zutaten:

400 g Langkornreis
60 g Pflanzenfett
500 ml heißes Wasser
Salz
1–2 TL Curry
200 g Zwiebeln
500 g Tomaten
750 g Fischfilet (z. B. Seelachs)
Zitronensaft
3 Eier
250 g Sahne
Semmelbrösel
Butterflöckchen

Fisch-Gratin mit Champignonsoße

Zutaten:

750 g Fischfilet
(z. B. Scholle)
Zitronensaft
Salz, Paprikapulver, Pfeffer
1 Tüte Champignonsoße
200 g frische Champignons
1 Bund Petersilie
je 2 Stängel frische Kräuter:
Estragon, Basilikum, Dill

Zubereitung:

① Fischfilet säubern, säuern, salzen, mit Paprika und Pfeffer würzen, in eine gefettete Gratinform legen.
② Champignonsoße mit etwas weniger Flüssigkeit als auf der Packung angegeben anrühren.
③ Champignons blättrig schneiden, 5 Minuten in der Soße leicht kochen lassen.
④ Alle Kräuter hacken, mit der Soße mischen, über die Fischfilets verteilen.
⑤ Bei 180 bis 200 Grad (Umluft) 25 bis 30 Minuten backen.

Kabeljau in Senfsoße

Zutaten:

800 g Kabeljau
Zitronensaft
5 EL Mehl
2 EL Butter
500 ml Milch
3 EL milder Senf
½ TL Salz
1 Würfel Brühe
je 1 Msp. schwarzer Pfeffer und ger. Muskat
1 EL geh. Petersilie
1 TL Paprikapulver
2 EL Butter

Zubereitung:

① Backofen auf 220 Grad (Ober-/Unterhitze) vorheizen.
② Fisch kalt abspülen und trocken tupfen, mit Zitronensaft beträufeln.

③ Mehl in zerlassener Butter hellgelb anbraten, unter Rühren mit Milch auffüllen und einige Minuten kochen lassen.
④ Die Soße mit Senf, Salz, Brühwürfel, Pfeffer und Muskat abschmecken und mit Petersilie verrühren.
⑤ Fischfilets von beiden Seiten salzen, in eine gefettete Auflaufform legen und das Paprikapulver darüberstreuen.
⑥ Soße über die Fischfilets gießen und mit Butterflöckchen belegen.
⑦ Auf der mittleren Schiene etwa 15 Minuten garen.

Kabeljau-Kartoffel-Auflauf

Zubereitung:

① Kartoffeln schälen, in Scheiben schneiden, in Salzwasser 8 Minuten vorgaren.
② Paprika würfeln, mit Quark, Crème fraîche und Tomatenmark verrühren. Den Dill hacken, unter die Quarkmasse rühren, mit Salz und Pfeffer abschmecken.
③ Drei Viertel der Kartoffeln in eine gefettete Auflaufform geben.
④ Kabeljaufilet säuern und mit Salz und Pfeffer bestreuen.
⑤ Fisch auf die Kartoffeln legen und mit den restlichen Kartoffeln und Paprikawürfeln belegen. Die Quarkmasse darüber verteilen.
⑥ Bei 200 Grad (Umluft) 25 bis 30 Minuten backen.

Zutaten:

500 g Kartoffeln
1 rote Paprika
200 g Frühlingsquark
200 g Crème fraîche
2 EL Paprika- oder Tomatenmark
1 Bund Dill
Salz, Pfeffer
500 g Kabeljau
Zitronensaft

Fisch-Aufläufe

Helgoländer Schichtfisch

Zutaten:

750 g Fischfilet
Zitrone oder Essig
Salz
70 g Tomatenmark aus der Dose
60 g Speckwürfel
1–2 Zwiebeln in Würfeln

Zubereitung:

1. Fischfilet säubern, säuern und salzen.
2. Auflaufform mit Butter ausstreichen. Filet dick mit Tomatenmark bestreichen, in die Auflaufform geben.
3. Speck und Zwiebeln daraufgeben. Das oberste Filet mit Tomatenmark bestreichen. 2 EL Butter darübergeben.
4. Bei 180 Grad (Umluft) 20 bis 30 Minuten garen.

Gemüse-Fisch-Auflauf

Zutaten:

800 bis 1000 g Seelachsfilet
Zitronensaft
600 g TK-Buttergemüse
300 g Sahne
Salz, Pfeffer

Zubereitung:

1. Fisch säubern, säuern und salzen.
2. Fisch in eine Auflaufform legen und das Buttergemüse darauf verteilen.
3. Sahne mit Salz und Pfeffer abschmecken und über das Gemüse gießen.
4. Bei 175 Grad (Umluft) 20 bis 30 Minuten backen.

Tipp

Dazu Kartoffelbrei oder Salzkartoffeln reichen.

Fisch-Aufläufe

Tipp
Statt Scampi kann man auch gut Fleisch nehmen.

Kartoffel-Scampi-Gratin

Zutaten:

500 g Kartoffeln
300 g Brokkoliröschen
Salz
1 Zwiebel
1 Knoblauchzehe
3 EL Öl
200 g Scampi
Zitronensaft
schwarzer Pfeffer aus der Mühle
100 g ger. Käse (Emmentaler oder Raclette)

Zubereitung:

1. Kartoffeln waschen und schälen, Brokkoli putzen und waschen.
2. Kartoffeln in Salzwasser garen, Brokkoliröschen etwa 5 Minuten blanchieren.
3. Zwiebel und Knoblauch schälen, sehr fein hacken. Öl in einer Pfanne erhitzen, Knoblauch und Zwiebel darin anschwitzen, bis sie schwach Farbe angenommen haben.
4. Scampi mit Zitronensaft beträufeln und dazugeben, in der Pfanne salzen, pfeffern und kurz anbraten.
5. Backofen auf 225 Grad (Ober-/Unterhitze) vorheizen.
6. Kartoffeln in Scheiben schneiden und in eine gefettete Auflaufform geben. Brokkoliröschen und Scampi gleichmäßig darüber verteilen. Käse über das Gratin streuen.
7. Gratin im Backofen goldbraun werden lassen.

Fisch-Aufläufe

Matjes-Auflauf

Zubereitung:

① Die gewaschenen Matjesfilets in Stücke schneiden.
② Kartoffeln in Scheiben schneiden.
③ Aus Margarine, Mehl, Wasser und Sahne eine helle Mehlschwitze bereiten und mit Pfeffer würzen.
④ Den Schinken würfeln und dazugeben.
⑤ Kartoffeln und Matjes abwechselnd in eine gefettete Auflaufform schichten, mit der Mehlschwitze übergießen und mit Käse überstreuen.
⑥ Bei 200 Grad (Umluft) 30 bis 35 Minuten backen.

Zutaten:

6 Matjesfilets
800 g Pellkartoffeln
40 g Margarine
40 g Mehl
125 ml Wasser
375 g Sahne
Pfeffer
100 g gekochter Schinken in Würfeln
50 g ger. Käse

Lachs mit Spiralnudeln

Zubereitung:

① Brokkoli kochen und in Eiswasser legen, Nudeln in Salzwasser kochen, Lachs in große Stücke zupfen.
② Brokkoli in kleine Röschen teilen und die Stiele klein schneiden. Nudeln, Brokkoli und Lachs in eine Auflaufform geben.
③ Soße aus Butter, Schmand, Sahne, Eiern, Meerrettich, Zitronensaft, grünem und schwarzem Pfeffer herstellen und in die Auflaufform geben. Mit Käse bestreuen.
④ Bei 180 Grad (Umluft) goldbraun werden lassen.

Zutaten:

200 g Brokkoli
350 g Nudeln
300 g Räucherlachs
1 EL Butter
150 g Schmand
300 g Sahne
2 Eier
1 EL Meerrettich
2 EL Zitronensaft
2 EL eingelegter grüner Pfeffer
schwarzer Pfeffer aus der Mühle
50 g ger. Käse

Fisch-Aufläufe

Fisch-Auflauf mit Paprika

Zutaten:

1 Zwiebel
2 Tomaten
2 rote Paprika
500 g Fischfilet
2 Bananen
2 Pck. helle Soße
Curry, Salz

Zubereitung:

① Zwiebel, Tomaten und Paprika in Würfel schneiden und anbraten.
② Das Gemüse in eine Auflaufform geben.
③ Fischfilet in kleine Stücke teilen und auf das Gemüse geben. Die Bananen in Scheiben schneiden und darauf verteilen.
④ Die helle Soße mit nur 250 ml Wasser zubereiten, mit Curry und Salz scharf abschmecken.
⑤ Die Soße über die Bananen geben und den Auflauf bei 200 Grad (Umluft) ca. 30 Minuten backen.

Pikanter Kräuterfisch

Zutaten:

50 g gewürfelter Speck
1 gehackte Zwiebel
500 g Rotbarschfilet
Zitronensaft
Salz, Pfeffer
150 g Crème fraîche
1 EL Tomatenmark
1 Pck. TK-Kräuter
2 EL Paniermehl
50 g ger. Käse
20 g Butter

Zubereitung:

① Speckwürfel auslassen und die Zwiebel darin anbraten.
② Speck und Zwiebel in eine gefettete Auflaufform geben, Fischfilet säuern und würzen und darauflegen.
③ Aus Crème fraîche und Tomatenmark eine Soße herstellen, mit den Kräutern und Gewürzen abschmecken und über den Fisch geben.
④ Mit Paniermehl und Käse bestreuen und mit Butterflöckchen belegen.
⑤ Bei 200 bis 225 Grad (Ober-/Unterhitze) 35 bis 45 Minuten backen.

Überbackene Schollenfilets

Zutaten:

320 g Brokkoliröschen
2 Tomaten
640 g Schollenfilets
Zitronensaft
ca. 20 g Salz
Butter
8 EL ger. Gouda
12 EL Sahne
2 Eigelb
Muskat
4 EL Mandelblätter
Zitrone

Zubereitung:

① Brokkoliröschen in Salzwasser garen, auf einem Sieb abtropfen lassen. Tomaten häuten und in Streifen schneiden. Schollenfilets unter kaltem Wasser abspülen, mit Zitronensaft beträufeln und mit Salz bestreuen.

② Eine feuerfeste Form mit Butter auspinseln und die Filets hineingeben. Gouda, Sahne, Eigelb und Muskat verrühren und die Hälfte über die Filets geben. Mit Deckel bei 220 Grad (Ober-/Unterhitze) etwa 15 Minuten garen.

③ Nun Tomaten und Brokkoli dazugeben. Restliche Soße übergießen und die Filets nochmals 6 bis 8 Minuten überbacken.

④ Vor dem Servieren Mandelblätter bräunen und über den Auflauf streuen. Mit Zitrone garnieren.

Tipp: Dazu passt Vollkornreis.

Fisch-Aufläufe

Seelachs-Auflauf mit Tomaten

Zubereitung:

1. Backofen auf 190 Grad (Umluft) vorheizen.
2. Seelachsfilets säubern, säuern und in Streifen schneiden.
3. Zwiebeln schälen und in Ringe schneiden, Salzkartoffeln in Scheiben schneiden.
4. Fisch, Zwiebeln und Kartoffeln schichtweise in eine gefettete Auflaufform geben. Nach Geschmack Käse zwischen die Lagen streuen.
5. Tomaten, Wasser und Gewürze mischen und abschmecken.
6. Speisestärke zufügen, kräftig umrühren und die Soße über den Fisch geben.
7. Mit dem restlichen Käse überstreuen und mit Butterflöckchen belegen.
8. Den Auflauf 20 bis 30 Minuten backen, bis der Käse goldbraun ist.

Zutaten:

600 g Seelachsfilet
Zitronensaft
2 mittelgr. Zwiebeln
ca. 500 g Salzkartoffeln (vom Vortag)
200–300 g ger. Käse
500 g pürierte Tomaten
250 ml Wasser
Salz, Pfeffer
1 TL ital. Kräuter
flüssige Speisewürze
2 ½ EL Speisestärke
Butter

Fisch-Aufläufe

Nudel- und Reis- Aufläufe

Gefüllter Reis-Auflauf

Zubereitung:

① Reis in die kochende Milch geben, Salz hinzufügen, anköcheln und 30 Minuten ausquellen lassen.
② Die Eier trennen, Eiweiß steif schlagen.
③ Butter zu Sahne rühren, abwechselnd Zucker, Vanillezucker und Eigelb hinzufügen.
④ Nach und nach auch den abgekühlten Reis untermischen; kräftig durchschlagen.
⑤ Eischnee unterziehen.
⑥ Erdbeeren mit Zucker und Wasser aufkochen und abtropfen lassen, den Saft dabei auffangen.
⑦ Die Hälfte der Reismasse in eine feuerfeste Form geben, darauf die abgetropften Erdbeeren verteilen, dann den Rest der Reismasse zufügen. Die Oberfläche mit Zucker bestreuen.
⑧ Bei 160 Grad (Umluft) 60 Minuten hellbraun backen.
⑨ Saft mit Speisestärke andicken und zu dem Reisauflauf reichen.

Zutaten:

200 g Reis
375 ml Milch
2 Msp. Salz
2 Eier
60 g Butter
50 g Zucker
1 Pck. Vanillezucker
500 g Erdbeeren
40 g Zucker
375 ml Wasser
1 TL Speisestärke zum Andicken

Nudel- und Reis-Aufläufe

Käsenudeln überbacken

Zutaten:

250 g Nudeln
200 g Schinkenspeck
1 Zwiebel
4 Tomaten
850 g Champignons in Scheiben aus der Dose
250 ml Milch
125 g (2 Ecken) Schmelzkäse (45% Fett)
Salz, Pfeffer
Butter

Zubereitung:

① Die Nudeln in Salzwasser garen.
② Schinkenspeck und Zwiebel würfeln und in der Pfanne leicht bräunen.
③ Tomaten achteln und hinzufügen. Die abgetropften Champignons in Scheiben schneiden und ebenfalls andünsten.
④ Die gekochten Nudeln untermischen und alles in eine gefettete Auflaufform füllen.
⑤ Milch mit Schmelzkäse und Salz und Pfeffer verrühren, erhitzen und über den Auflauf gießen. Obenauf Butterflöckchen setzen.
⑥ Bei 225 bis 250 Grad (Ober-/Unterhitze) 25 Minuten backen.

Makkaroni-Hackfleisch-Auflauf

Zutaten:

500 g Brokkoli
Salz
500 g Makkaroni
500 g Rinderhackfleisch
1 Zwiebel gewürfelt
Pfeffer, Paprikapulver
2 EL Butter
1 EL Tomatenmark
200 g Schmand
150 g ger. Gouda

Zubereitung:

① Brokkoli mit etwas Salz 15 Minuten kochen.
② Makkaroni in Stücke brechen und ebenfalls kochen.
③ Hackfleisch mit Zwiebelwürfeln, Pfeffer, Salz, Paprikapulver und Butter braten. Tomatenmark und 100 g Schmand untermischen und kräftig abschmecken.
④ Zuerst Nudeln, dann Hackfleischmasse und Brokkoli abwechselnd in eine gefettete Auflaufform einschichten, die letzte Schicht sollte Brokkoli sein.
⑤ Restlichen Schmand auf die oberste Schicht geben und mit dem geriebenen Käse bestreuen.
⑥ Bei 200 Grad (Umluft) 30 Minuten goldbraun überbacken.

Nudel-Auflauf mit feinem Gemüse

Zubereitung:

1. Nudeln in leicht gesalzenem Wasser garen.
2. Schinkenspeck und Zwiebeln in Würfel schneiden, Tomaten und Champignons in Scheiben schneiden.
3. Butter in einen Topf geben und das Gemüse darin dünsten.
4. Gemüse mit den Nudeln mischen und in eine gefettete Auflaufform füllen.
5. Käse und Semmelbrösel überstreuen, mit Butterflöckchen belegen.
6. Saure Sahne, Milch und Ei verrühren und den Auflauf damit übergießen.
7. Bei 200 Grad (Umluft) 35 Minuten backen.

Zutaten:

250 g Nudeln
150 g Schinkenspeck
1–2 Zwiebeln
4–5 Tomaten
400 g Champignons aus der Dose
20 g Butter
2 EL ger. Gouda
2 EL Semmelbrösel
Butterflöckchen
2 EL saure Sahne
2 EL Milch
1 Ei

Tipp: Dazu passt eine Tomatensoße.

Nudel-Auflauf mit Pilzen

Zubereitung:

1. Nudeln nach Packungsanweisung kochen.
2. Pilze und Zwiebel in Scheiben schneiden, in der Butter dünsten, salzen und Käse dazugeben.
3. Das Gemüse abwechselnd mit den Nudeln in eine mit gefettete Auflaufform geben.
4. Ei mit etwas Pilzwasser verquirlen und über den Auflauf gießen.
5. Mit Butterflöckchen belegen und mit Paniermehl und Käse überstreuen.
6. Bei 160 Grad (Umluft) 30 bis 35 Minuten backen.

Zutaten:

250 g Bandnudeln
850 g Pilze, frisch oder aus der Dose
1 Zwiebel
30 g Butter
Salz
80 g ger. Käse
2 Eier
ger. Käse
Paniermehl
Butterflöckchen

Nudel- und Reis-Aufläufe

Mozzarella mit Nudelmuscheln

Zutaten:

1 kg geputzter Spinat
2 gr. Zwiebeln
2 Knoblauchzehen
Olivenöl
1 kg Tomaten
Pfeffer, Kräutersalz
Basilikum, Oregano
500 g Muschelnudeln
300 g Mozzarella

Zubereitung:

1. Spinat kurz in einem heißen Topf ohne Fett und zusätzliches Wasser zusammenfallen lassen.
2. Zwiebeln und Knoblauch würfeln, in Öl andünsten.
3. Gehäutete, gewürfelte Tomaten zugeben und mit den Gewürzen und Kräutern herzhaft abschmecken.
4. Spinat unter die Tomatensoße geben.
5. Vorgekochte Nudeln (al dente) in eine große Auflaufform geben, mit der Spinat-Tomaten-Mischung mischen, Mozzarellascheiben auflegen.
6. Bei 180 Grad (Umluft) kurz überbacken, bis der Käse zerlaufen und leicht gebräunt ist.

Nudel-Hack-Auflauf

Zutaten:

250 g Nudeln
400 g Hackfleisch
Salz, Pfeffer, Paprikapulver
2 Zwiebeln, gewürfelt
1 rote Paprika
1 grüne Paprika
400 g Pilze aus der Dose
500 ml Wasser
Speisestärke
300 g ger. Käse

Zubereitung:

1. Nudeln nach Packungsanweisung kochen.
2. Hackfleisch mit Salz, Pfeffer, Paprikapulver und Zwiebelwürfeln braun und krümelig anbraten.
3. Paprika klein schneiden und mit den Pilzen in Wasser kochen. Mit Speisestärke andicken.
4. Nudeln, Hack und Gemüse abwechselnd in eine Auflaufform schichten. Die oberste Schicht sollte aus Nudeln bestehen. Auf die letzte Schicht Käse geben.
5. Bei 200 Grad (Umluft) 25 bis 30 Minuten backen.

Nudel- und Reis-Aufläufe

Nudel-Auflauf mit Tofu

Zutaten:

300 g Tofu (Reformhaus)
4 EL Olivenöl
5 EL Weißwein oder Gemüsebrühe
Kräutersalz
je ¼ TL Oregano und Thymian
Pfeffer
1 Knoblauchzehe
250 g Vollkornnudeln
2 Zwiebeln
1 rote Paprika
1 grüne Paprika
250 g Tomaten
20 g Butter
1 EL beliebige Kräuter

Zubereitung:

1. Tofu in 1 cm große Würfel schneiden.
2. 2 Esslöffel Olivenöl mit Weißwein oder Brühe in eine kleine Schüssel geben. Gewürze und gepressten Knoblauch dazugeben. Die Tofuwürfel mindestens 20 Minuten darin ziehen lassen.
3. Nudeln nicht zu weich kochen.
4. Zwiebeln schälen, in feine Streifen oder Würfel schneiden und im restlichen Olivenöl ca. 5 Minuten leicht bräunen lassen. Paprika putzen, in Würfel schneiden und zu den Zwiebeln geben. 1 bis 2 Minuten bei schwacher Hitze dünsten.
5. Backofen auf 200 Grad (Umluft) vorheizen.
6. Nudeln, Gemüse und drei Viertel der Tofustücke schichtweise in eine Auflaufform geben, mit einer Nudelschicht enden.
7. Tomaten in Scheiben schneiden und auf die letzte Nudelschicht legen. Restlichen Tofu mit Marinade darauf verteilen. Mit Butterflöckchen belegen.
8. 20 bis 25 Minuten überbacken.
9. Mit frisch gehackten Kräutern servieren.

Nudel-Porree-Auflauf

Zubereitung:

1. Vollkornspätzle in Salzwasser bissfest kochen.
2. Porree in 0,5 cm breite Ringe schneiden und in Öl und Wasser garen. Spätzle kurz mitgaren, zerdrückte Knoblauchzehe zufügen.
3. Curry, Kräutersalz, Pfeffer und Worchestersoße zufügen, vermischen und die Masse in eine Auflaufform füllen.
4. Eier mit saurer Sahne und Milch verquirlen, über den Auflauf gießen.
5. Mit Käse bestreuen.
6. Bei 180 Grad (Umluft) 15 Minuten backen.

Zutaten:

350 g Vollkornspätzle
2 Stangen Porree
2 EL Öl
2 EL Wasser
1 Knoblauchzehe
½ TL Curry
½ TL Kräutersalz
Pfeffer
1 TL Worchestersoße
3 Eier
150 g saure Sahne
6 EL Milch
100 g ger. Käse

Tipp

Dazu schmecken eine Tomaten-Kräutersoße und frischer Salat.

Nudel- und Reis-Aufläufe

Zutaten:

4 Eier
250 g Sahnequark
70 g Zucker
1 Prise Salz
375 g gegarte Nudeln
gehackte Mandeln

Tipp

Dazu eine Himbeer- oder andere Fruchtsoße reichen.

Nudel-Auflauf mit Quark

Zubereitung:

① Die Eier trennen.
② Quark mit Eigelb verrühren, mit Zucker und Salz würzen und die gekochten Nudeln dazugeben.
③ Eischnee unterziehen und die gehackten Mandeln überstreuen.
④ In einer feuerfesten, gebutterten Form bei 200 Grad (Umluft) 45 Minuten backen.

Zutaten:

250 g Reis
2 Zwiebeln
500 g Hackfleisch
Bratöl
400 g Pilze aus der Dose
70 g Tomatenmark aus der Dose
125 ml Wasser
Ketchup
Chilisoße
250 g Sahne
Currypulver
850 g Pfirsiche aus der Dose

Reis-Auflauf mit Pfirsichen

Zubereitung:

① Reis in Tassen abmessen und doppelte Menge Wasser hinzufügen. In einem Topf aufkochen lassen und ca. 20 Minuten garen.
② Die Zwiebeln schälen und würfeln.
③ Hackfleisch in 2 EL Öl anbraten, die Zwiebeln dazugeben, kurz mitbraten.
④ Die abgetropften Pilze (evtl. einmal durchschneiden) hineingeben. Zusammen mit dem Tomatenmark kurze Zeit unter Rühren mitbraten.

⑤ Hackfleischmischung mit Wasser ablöschen. Ketchup und Chilisoße nach Geschmack dazugeben, sodass eine nicht zu flüssige Hackfleischsoße entsteht.
⑥ Den Backofen auf 200 bis 225 Grad (Ober-/Unterhitze) vorheizen.
⑦ Reis und Hackfleischmasse in eine gefettete Auflaufform schichten, die oberste Schicht sollte Reis sein.
⑧ Die Sahne übergießen.
⑨ Auflauf mit Currypulver bestreuen.
⑩ Ca. 30 Minuten backen.
⑪ Pfirsiche mit Saft kalt zu dem Auflauf servieren.

Tipp
Die Hackfleischsoße kann man gut zu Nudeln jeder Art verwenden.

Reis-Kirsch-Auflauf

Zutaten:

500 ml Milch
100 g Milchreis
1 Prise Salz
1 Pck. Puddingpulver
1 EL Milch
2 Eigelb
100 g Zucker
125 g Quark
2 TL Backpulver
3 Eiweiß
Butter
720 g abgetropfte Kirschen aus dem Glas
2 EL Paniermehl

Zubereitung:

① Die Milch zum Kochen bringen, den gewaschenen Milchreis dazugeben, salzen und 15 Minuten bei schwacher Hitze quellen lassen.
② Puddingpulver mit 1 EL kalter Milch anrühren, zum Reis geben und aufkochen lassen. Anschließend die Masse kalt stellen.
③ Eigelb und Zucker schaumig rühren, den Quark und das Backpulver hinzufügen. Das Eiweiß steif schlagen und zusammen mit der Quarkmasse unter den abgekühlten Reis mischen.
④ Eine Auflaufform mit Butter fetten und die abgetropften Kirschen zusammen mit der Reismasse lagenweise einschichten.
⑤ Paniermehl überstreuen und Butterflöckchen darauf verteilen.
⑥ Bei 190 Grad (Umluft) ca. 45 Minuten backen.

Tipp
Dieses Rezept kann auch mit Zwetschgen anstatt Kirschen zubereitet werden.

Nudel- und Reis-Aufläufe

Süßer Nudel-Auflauf

Zutaten:

750 ml Milch
Schale von einer
unbehandelten Zitrone
1 TL Salz
250 g Nudeln
(Gabelspaghetti o. ä.)
3 Eier
90 g Rosinen
3 EL Weinbrand
50 g weiche Butter
150 g Zucker
100 g Mandeln
1 TL Zimt

Zubereitung:

① Milch, Zitronenschale und Salz zum Kochen bringen. Nudeln hineingeben und 8 bis 10 Minuten bissfest kochen.
② Den Backofen auf 200 Grad (Umluft) vorheizen.
③ Die Eier trennen, Eiweiß steif schlagen, Rosinen in Weinbrand einweichen.
④ Butter und Zucker (2 Esslöffel für die Zimtmischung beiseitestellen) schaumig schlagen. Nach und nach Eigelb dazugeben.
⑤ Gehackte Mandeln, Rosinen, Nudeln und Eiweiß unterheben.
⑥ Nudeln und Eiermischung in eine hohe Auflaufform geben und mit Zimt, der mit 2 EL des Zuckers gemischt wurde, überstreuen.
⑦ Den Auflauf 45 bis 60 Minuten bis zur gewünschten Festigkeit (cremig oder fest) backen.

Ananas-Auflauf mit Weinschaumsoße

Zubereitung:

1. Die Eier trennen.
2. Eigelb, 75 g Margarine, 125 g Zucker und Magerquark schaumig rühren.
3. 100 g Haferflocken, Mandeln, Backpulver und Puddingpulver unter den Teig rühren.
4. Eiweiß steif schlagen, vorsichtig unterheben.
5. Den Teig in eine Auflaufform füllen. Ananasringe halbieren und auf den Teig geben, leicht eindrücken.
6. Restliches Fett schmelzen, Zucker, Haferflocken und Mandeln unterrühren und erwärmen. Die Masse über den Auflauf streuen.
7. Bei 200 Grad (Umluft) 30 bis 40 Minuten backen.
8. Für die Weinschaumsoße alle Zutaten im heißen Wasserbad schaumig schlagen und vor dem Servieren kühl stellen.

Zutaten:

3 Eier
125 g Margarine
175 g Zucker
250 g Magerquark
150 g Haferflocken
100 g gemahlene Mandeln
½ Pck. Backpulver
2 EL Puddingpulver (Mandelgeschmack)
820 g Ananasscheiben aus der Dose

Für die Soße:
2 Eier
100 g Zucker
Weißwein
2 EL Zitronensaft
1 EL Speisestärke

Süße Aufläufe

Apfel-Auflauf

Zutaten:

750 g Apfelscheiben
125 ml Weißwein
3 EL Zucker
Schale einer
unbehandelten Zitrone

Für die Bröselmasse:
75 g Butter
250 g Semmelbrösel
75 g gemahlene Mandeln
100 g Zucker
ger. Zitronenschale
1 TL Zimt
3 EL Rum
20 g Butterflöckchen

Zubereitung:

① Äpfel mit Wein, Zucker und Zitronenschale halb weich dünsten.
② Zitronenschale entfernen, Äpfel abtropfen lassen, Apfelsud auffangen.
③ Für die Bröselmasse die Butter erhitzen, Semmelbrösel und Mandeln leicht anrösten, in eine Schüssel füllen. Zucker, Zitronenschale, Zimt und Rum untermischen.
④ Backofen auf 200 Grad (Umluft) vorheizen.
⑤ Die Hälfte der Bröselmasse in eine gefettete Auflaufform füllen, darüber die Äpfel geben, mit der restlichen Bröselmasse bedecken. Auflauf mit Apfelsud befeuchten, mit Butterflöckchen belegen und etwa 40 Minuten überbacken.
⑥ Noch warm und mit Vanillesoße servieren.

Apfel-Reis-Auflauf

Zutaten:

4 Eier
600 g fertiger Milchreis aus dem Becher
4 kl. Äpfel
50 g gehackte Mandeln
4 TL Johannisbeergelee
Butterflöckchen

Zubereitung:

① Den Backofen auf 180 Grad (Umluft) vorheizen.
② Eier trennen, Eiweiß steif schlagen.
③ Eigelb mit Milchreis verrühren und Eiweiß unterheben.

④ Äpfel schälen, mit dem Ausstecher das Kerngehäuse entfernen.
⑤ Äpfel in eine gefettete Auflaufform setzen und mit der Milchreismasse füllen. Je ein Teelöffel Johannisbeergelee daraufsetzen. Mit Mandeln bestreuen und mit Butterflöckchen belegen.
⑥ Den Auflauf etwa 40 Minuten backen.

Apfel-Quark-Auflauf mit Weinschaumsoße

Zubereitung:

① Brötchen in Würfel schneiden, Butter und Zucker darauf verteilen. Milch erwärmen und über die Würfel gießen.
② Äpfel schälen, in Spalten schneiden und mit der Brötchenmasse vermengen.
③ Die Eier trennen.
④ Quark mit Zitronensaft, Zucker, Vanillezucker, Vanillepuddingpulver und Eigelb verrühren. Eiweiß steif schlagen und unterrühren.
⑤ Brötchen- und Quarkmasse abwechselnd in eine Auflaufform füllen. Mit Paniermehl bestreuen und mit Butterflöckchen belegen.
⑥ Bei 160 Grad (Umluft) ca. 45 Minuten backen.
⑦ Alle Zutaten für die Weinschaumsoße in einen Topf geben und bei geringer Hitze aufschlagen. Zusammen mit dem Auflauf warm servieren.

Zutaten:

4 Brötchen
20 g Butter
1 EL Zucker
250 ml Milch
0,8–1,0 kg Äpfel
2 Eier
500 g Quark
Saft von 1 Zitrone
80 g Zucker
1 Pck. Vanillezucker
1 Pck. Vanillepuddingpulver
Paniermehl
Butterflöckchen

Für die Weinschaumsoße:
3 Eier
½ TL Speisestärke
100 g Zucker
Saft von 1 Zitrone
250 ml Weißwein

Tipp
Restliche Soße kühl aufbewahren und bald verzehren.

Süße Aufläufe

Birnen-Auflauf

Zubereitung:

1. Birnen in Stücke schneiden und in eine gefettete Auflaufform füllen.
2. Schinkenreste darüber verteilen.
3. Milch, Mehl, Eier, Zucker und Salz gut verquirlen, die Masse übergießen.
4. Den Auflauf mit Brötchenscheiben belegen, auf jede Scheibe 1 TL Butter geben.
5. Den Auflauf mit Deckel bei 200 Grad (Umluft) ca. 45 Minuten backen.
6. Vor dem Servieren mit Kräutern garnieren.

Zutaten:

8–10 Birnen
rohe, durchwachsene Schinkenreste
500 ml Milch
2 EL Mehl
4 Eier
5 EL Zucker
1 Prise Salz
Brötchenscheiben
(nach Größe der Auflaufform)
150 g Butter
frische Kräuter nach Geschmack

Aprikosen-Auflauf mit Quark

Zubereitung:

1. Die Eier trennen.
2. Margarine, Zucker, Eigelb, Vanillezucker sowie Zitronensaft- und -schale schaumig rühren.
3. Speisestärke und Quark unterrühren.
4. Eiweiß steif schlagen, unter die Quarkmasse heben.
5. Die Masse in eine gefettete Auflaufform geben.
6. Die Aprikosen abtropfen lassen und mit Wölbung nach oben auf die Quarkmasse legen. Die Mandelblättchen überstreuen.
7. Den Auflauf bei 225 Grad (Ober-/Unterhitze) ca. 50 Minuten backen.

Zutaten:

3 Eier
50 g Margarine
100 g Zucker
1 Pck. Vanillezucker
Saft und Schale von 1 Zitrone
75 g Speisestärke
500 g Quark
400 g Aprikosen aus der Dose
Mandelblättchen

Süße Aufläufe

Biskuit-Auflauf mit Himbeeren

Zutaten:

100 g Löffelbiskuit
250 g Himbeeren
50 g Puderzucker
20 ml Rum
4 Eier
100 g Zucker
50 g Mehl

Zubereitung:

① Eine gefettete Auflaufform mit Löffelbiskuit auslegen.
② Himbeeren zuckern, auf die Löffelbiskuits legen, mit Rum beträufeln und zugedeckt ca. 5 Minuten stehenlassen.
③ Die Eier trennen.
④ Eigelb, Zucker und Mehl cremig schlagen, Eiweiß steif schlagen und unter die Masse heben.
⑤ Eiermasse auf die Früchte geben.
⑥ Bei 200 Grad (Ober-/Unterhitze) 20 bis 30 Minuten backen.
⑦ Mit Sahne oder Saft anrichten und sofort servieren.

Frischkäse-Soufflé

Zubereitung:

① Die Eier trennen, Eiweiß sehr steif schlagen. Zucker zufügen und nochmals steif schlagen.
② Eigelb schaumig rühren. Vanillemark zufügen. Zucker einrieseln lassen und weiter schaumig schlagen.
③ Saure Sahne, Frischkäse, Zitronen- und Orangenschale gut mit dem Eigelb verrühren. Die Eiweißmasse vorsichtig unterziehen.
④ Waldfrüchte in eine Auflaufform geben. Die Frischkäsemasse darauf verteilen.
⑤ Bei 180 Grad (Ober-/Unterhitze) auf der unteren Schiene 30 bis 40 Minuten backen.

Zutaten:

4 Eier
1 EL Zucker
Mark von 1 Vanilleschote
4 EL Zucker
2 EL saure Sahne
200 g Frischkäse
abgeriebene Zitronen- und Orangenschale
200 g frische oder trockene Waldfrüchte

Süße Aufläufe

Kirsch-Auflauf

Zutaten:

250 g Zwieback oder Semmelreste
375 ml Milch
3 Eier
25 g Butter
100 g Zucker
1 Pck. Vanillezucker
1 geh. EL Weizenmehl
1 gestr. TL Backpulver
375 g Süß- oder Sauerkirschen

Zubereitung:

① Zwieback zerkrümeln, mit Milch und Eiern verrühren und 10 Minuten durchziehen lassen.
② Die Butter zerlassen.
③ Butter, Zucker, Vanillezucker, Weizenmehl, Backpulver und die entsteinten Kirschen zu der Zwiebackmasse geben und verrühren.
④ Die Masse in eine gefettete Auflaufform füllen.
⑤ Bei 200 bis 220 Grad (Ober-/Unterhitze) 35 bis 45 Minuten goldbraun überbacken.
⑥ Mit Vanillesoße servieren.

Quark-Auflauf

Zutaten:

200 g Reis oder Nudeln
500 ml Wasser
3–4 Eier
60 g Butter
200 g Zucker
500 g Quark
Semmelmehl

Zubereitung:

① Reis oder Nudeln in kochendem, leicht gesalzenem Wasser quellen lassen.
② Die Eier trennen, Eiweiß steif schlagen.
③ Butter, Zucker, Eigelb und Quark zu einer schaumigen Masse verrühren.
④ Reis oder Nudeln unterrühren und Eischnee unterheben.
⑤ Die Masse in eine gefettete Auflaufform füllen, mit Butterflöckchen belegen und mit Semmelmehl bestreuen.
⑥ Bei 200 Grad (Umluft) 50 bis 60 Minuten backen.
⑦ Mit säuerlichem Obst (z. B. Sauerkirschen) servieren.

Zwieback-Apfel-Auflauf

Zubereitung:

① Die Zwiebäcke grob zerbrechen und in eine flache gefettete Auflaufform geben.
② Eier und Sahne verquirlen, über dem Zwieback verteilen und einweichen lassen. Den Teig dann mit einem Löffel fest in die Form drücken.
③ Äpfel schälen und entkernen, in Scheiben schneiden und schuppenförmig auf die Zwiebäcke legen.
④ Rosinen, Mandeln, Zucker und Zimt mischen und über die Äpfel streuen.
⑤ Den Backofen auf 175 bis 200 Grad (Umluft) vorheizen.
⑥ Für den Guss die Eier trennen.
⑦ Eigelb, Sahne und Vanillezucker zu einer dickflüssigen Masse schlagen.
⑧ Eiweiß steif schlagen und unter die Eiersahne ziehen.
⑨ Die Masse auf den Äpfeln verteilen und glatt streichen.
⑩ Den Auflauf 30 bis 40 Minuten backen. Die Oberfläche sollte goldgelb und die Äpfel müssen weich sein.
⑪ Dazu Vanillesoße oder halb steife gesüßte Sahne reichen.

Zutaten:

12 Zwiebäcke
4 Eier
200 g Sahne
4 Äpfel (z. B. Boskop)
1 EL Rosinen
1 EL gehackte Mandeln
2–3 EL Zucker
½ TL Zimt

Für den Guss:
2 Eier
5 EL Sahne
1 Pck. Vanillezucker

Süße Aufläufe

Pflaumen-Auflauf mit Haferflockenkruste

Zubereitung:

1. Vanilleschote längs halbieren und Mark herausschaben, die Eier trennen, Eiweiß steif schlagen.
2. Butter, Eigelb und Honig schaumig rühren.
3. Quark, Haferflocken, Mandeln, Speisestärke, Backpulver und Vanillemark unter den Teig rühren.
4. Eiweiß locker unterheben.
5. Die Masse in eine gefettete Auflaufform füllen.
6. Vorbereitete Pflaumen abtropfen lassen und auf den Teig geben.
7. Für den Belag Butter und Honig schmelzen, Haferflocken und Mandeln darin wenden, auf die Pflaumen geben.
8. Bei 200 bis 210 Grad (Ober-/Unterhitze) auf der mittleren Schiene 30 bis 35 Minuten backen. Anschließend den Auflauf noch 5 bis 10 Minuten im ausgeschalteten Backofen ruhen lassen.

Zutaten:

½ Vanilleschote
3 Eier
75 g Butter
70 g Honig
250 g Magerquark
100 g Haferflocken
75 g gemahlene Mandeln
2 EL Speisestärke
2 TL Backpulver
500 g Pflaumen (roh oder gedünstet)

Für den Belag:
50 g Butter
25 g Honig
50 g Haferflocken
25 g gem. Mandeln

Süße Aufläufe

Rhabarber-Auflauf

Zubereitung:

① Den Rhabarber schälen, in Stücke schneiden und den Zucker darüberstreuen.
② Milch, Zucker, Vanillezucker, Milchreis und Zitronenschale 20 Minuten garen.
③ Rhabarber und Reis schichtweise in die Auflaufform geben.
④ Eier, Zucker, Zimt, gemahlene Mandeln, Mehl und Backpulver zu einer Teigmasse verrühren und über die anderen Zutaten in die Form geben. Mit Puderzucker bestreuen.
⑤ Im Backofen 40 Minuten bei 180 Grad backen.

Zutaten:

750 g Rhabarber
6 EL Zucker
½ l Milch
2 EL Zucker
1 Pck. Vanillezucker
125 g Milchreis
Zitronenschale
2 Eier
75 g Zucker
½ TL Zimt
50 g gemahlene Mandeln
1 EL Mehl
etwas Backpulver
Puderzucker

Früchte-Gratin

Zubereitung:

① Früchte waschen, putzen, ggf. in Spalten schneiden und in eine feuerfeste, gefettete Form geben.
② Butter erhitzen, Mandeln, Roggenschrot und Honig zufügen und mit Crème fraîche ablöschen.
③ Masse über die Früchte geben.
④ Bei 200 Grad (Umluft) 20 bis 25 Minuten backen.
⑤ Mit steif geschlagener Sahne servieren.

Zutaten:

500 g Früchte
(z. B. Äpfel, Pflaumen, Birnen, Heidelbeeren)
75 g Butter
50 g gehackte Mandeln
75 g Roggenschrot
2 EL Honig oder Sirup
etwas Crème fraîche
200 g Sahne

Süße Aufläufe

Quark-Grieß-Auflauf

Zubereitung:

1. Eier trennen, Eiweiß steif schlagen.
2. Butter schaumig rühren. Nach und nach Quark, Eigelb, Milch und Grieß zugeben.
3. Eischnee unterziehen.
4. Die Äpfel in eine gefettete Auflaufform geben, den Teig darüber verteilen.
5. Bei 200 Grad (Umluft) 50 Minuten backen.

Zutaten:

2 Eier
75 g Butter
250 g Magerquark
500 ml Milch
200 g Grieß
500 g gedünstete Äpfel

Tipp

Schmeckt sehr lecker und ist leicht bekömmlich.

Überbackene Himbeeren

Zubereitung:

1. Himbeeren ggf. antauen lassen. Mit Cognac beträufeln.
2. Den Backofen auf 200 Grad (Umluft) vorheizen.
3. Eier schaumig rühren. Wasser, Zucker und Zitronensaft zufügen und ca. 7 Minuten rühren.
4. Backpulver und Speisestärke unterheben.
5. Eine Auflaufform zuerst mit den Löffelbiskuits, dann mit den Himbeeren und zuletzt mit der Schaummasse füllen. Mit gehobelten Mandeln garnieren.
6. Bei 200 Grad (Umluft) ca. 40 Minuten backen.

Zutaten:

400 g frische oder gefrorene Himbeeren
2 EL Cognac
3 Eier
1 EL warmes Wasser
100 g Zucker
1 TL Zitronensaft
1 TL Backpulver
80 g Speisestärke
10 Löffelbiskuits
1 EL gehobelte Mandeln

Süße Aufläufe

Zitronen-Auflauf

Zubereitung:

① Die Eier trennen.
② Butter, Zucker, Eigelb, Zitronenschale, Grieß und Zitronensaft verrühren und in eine gefettete Auflaufform füllen.
③ Eiweiß und Zucker steif schlagen und die Baisermasse auf dem Rührteig verteilen.
④ Bei 200 Grad (Umluft) 25 Minuten backen.
⑤ Den fertigen Auflauf vor dem Servieren mit Puderzucker und geriebener Zitronenschale bestreuen.

Zutaten:

5 Eier
100 g Butter
150 g Zucker
Schale von 1 unbehandelten Zitrone
5 EL feiner Grieß
Saft von 3 Zitronen
50 g Zucker
30–40 g Puderzucker
grob geriebene Zitronenschale

Früchte-Quark-Auflauf

Zubereitung:

① Die Eier trennen, Eiweiß steif schlagen.
② Milch mit Eigelb und Puddingpulver verrühren. Mit Quark und Zucker vermischen.
③ Früchte würfeln.
④ Alle Früchte, die Nüsse und zum Schluss das Eiweiß unterrühren.
⑤ Die Masse in eine vorgewärmte, gebutterte Auflaufform füllen.
⑥ Bei 175 Grad (Umluft) ca. 30 Minuten backen.
⑦ Mit einigen Kirschen garnieren und sofort servieren.

Zutaten:

4 Eier
500 ml Milch
2 EL Vanillepuddingpulver
400 g Quark
125 g Zucker
2 Bananen
1 Apfelsine
50 g Sultaninen
50 g Korinthen
2 EL entsteinte, halbierte Kirschen
50 g gehackte Nüsse

Alphabetisches Rezeptregister

- Ananas-Auflauf mit Weinschaumsoße ... 123
- Apfel-Auflauf ... 124
- Apfel-Quark-Auflauf mit Weinschaumsoße ... 125
- Apfel-Reis-Auflauf ... 124
- Aprikosen-Auflauf mit Quark ... 127

- Birnen-Auflauf ... 127
- Biskuit-Auflauf mit Himbeeren ... 129
- Blumenkohl im Hackbett ... 15
- Blumenkohl-Brokkoli-Auflauf ... 16
- Bohnen-Auflauf mit Schinkenwürfeln ... 19
- Bohnenkeime-Auflauf ... 70
- Brokkoli-Auflauf ... 16
- Brot-Auflauf mit Fleischfüllung ... 69

- Dinkel-Auflauf mit Bohnen und Tomaten ... 17

- Eier-Schinken-Auflauf ... 70

- Feuriger Linsen-Auflauf ... 21
- Fisch-Auflauf mit Paprika ... 100
- Fisch-Auflauf, indische Art ... 91
- Fisch-Gratin mit Champignonsoße ... 92
- Fleisch-Auflauf ... 73
- Friesischer Kartoffel-Auflauf ... 51
- Frikadellen-Auflauf ... 74
- Frischkäse-Soufflé ... 129
- Früchte-Gratin ... 135
- Früchte-Quark-Auflauf ... 139
- Früchteschnitzel ... 77

- Geflügel-Reis-Auflauf ... 78
- Gefüllter Reis-Auflauf ... 107
- Gemüse-Auflauf ... 22
- Gemüse-Fisch-Auflauf ... 95
- Gratinierter Fleischtopf ... 75

- Hack-Auflauf mit Sauerkraut ... 79
- Hackbraten mit Kartoffel-Gratin ... 77
- Hackfleisch-Pfirsich-Torte ... 81
- Hackfleisch-Wirsing-Auflauf ... 24
- Helgoländer Schichtfisch ... 95

- Jägerschmarren ... 53

- Kabeljau in Senfsoße ... 92
- Kabeljau-Kartoffel-Auflauf ... 93
- Kartoffel-Apfel-Gratin ... 53
- Kartoffel-Auflauf in Käsesoße ... 54
- Kartoffel-Eier-Auflauf ... 55
- Kartoffel-Grünkern-Auflauf ... 59
- Kartoffel-Kohlrabi-Gratin ... 57
- Kartoffel-Mettwurst-Auflauf ... 65
- Kartoffel-Möhren-Auflauf ... 60
- Kartoffel-Porree-Auflauf ... 54
- Kartoffel-Scampi-Gratin ... 97
- Kartoffel-Tomaten-Auflauf ... 57
- Käsenudeln überbacken ... 108
- Kasseler-Auflauf ... 71
- Kirsch-Auflauf ... 130
- Klassischer-Kartoffel-Auflauf ... 60
- Kohlrabi-Auflauf ... 25
- Kohlrabi-Auflauf mit Putenbrust ... 83
- Kürbis-Auflauf ... 27

- Lachs mit Spiralnudeln 99
- Lauch-Auflauf 23
- Leberkäse mit Blumenkohl 84
- Linsen-Auflauf mit Porree 28

- Mais-Auflauf 31
- Makkaroni-Hackfleisch-Auflauf 108
- Matjes-Auflauf 99
- Mett-Auflauf 78
- Mozzarella mit Nudelmuscheln................111

- Nudel-Auflauf
  mit feinem Gemüse....................................109
- Nudel-Auflauf mit Pilzen 109
- Nudel-Auflauf mit Quark 116
- Nudel-Auflauf mit Tofu 113
- Nudel-Hack-Auflauf 111
- Nudel-Porree-Auflauf...................................115

- Paprika-Auflauf 29
- Pflaumen-Auflauf
  mit Haferflockenkruste...............................133
- Pikanter Kräuterfisch 100
- Pilz-Quark-Auflauf 32
- Porree-Auflauf...35

- Quark-Auflauf 130
- Quark-Grieß-Auflauf 137
- Quark-Hack-Schichtauflauf 85

- Reis-Auflauf mit Pfirsichen 116
- Reis-Kirsch-Auflauf 117
- Rhabarber-Auflauf 135
- Rosenkohl-Auflauf 59
- Rosenkohl-Kartoffel-Auflauf 32

- Satter Herbstauflauf 37
- Sauerkraut in Eiersahne 33
- Schinken-Austernpilze-Gratin 87
- Schinken-Bohnen-Auflauf 39
- Schnelles Kartoffel-Gratin 63
- Seelachs-Auflauf mit Tomaten 103
- Spargel-Gratin...39
- Spinat-Auflauf...41
- Süßer Nudel-Auflauf 119

- Tomaten-Zucchini-Gratin 41
- Topinambur-Auflauf 43

- Überbackene Himbeeren 137
- Überbackene Möhren 44
- Überbackene Schollenfilets 101
- Überbackenes Gemüse 44

- Weißkohl-Auflauf 45
- Wirsing-Auflauf 47
- Zitronen-Auflauf...139

- Zucchini-Auflauf...61
- Zucchini-Hack-Auflauf
  in Tomatensoße 35
- Zucchini-Kartoffel-Gratin 65
- Zwieback-Apfel-Auflauf..............................131

Alphabetisches Rezeptregister

Einsender/innen der Rezepte

- Ahrens, John, Holste:
  Biskuit-Auflauf mit Himbeeren
- Ahrens, Magda, Holste:
  Nudel-Auflauf mit Quark
- Angerstein. Thea, Bettrum:
  Kohlrabi-Auflauf
- Badsiong, K.-D., Meinersen:
  Kartoffel-Möhren-Auflauf
- Bähre, Elfriede, Hohenhameln:
  Gefüllter Reis-Auflauf
- Beckmann, Maja, Beckdorf:
  Hackfleisch-Pfirsich-Torte
- Bense, Lilli, Woltersdorf:
  Pflaumen-Auflauf mit Haferflockenkruste
- Bierwirth, Hildegard, Katlenburg-Lindau:
  Porree-Auflauf
- Bode-Bremer, Angelika, Wolfenbüttel:
  Frischkäse-Soufflé und Überbackene Schollenfilets
- Böttcher, Silke, Jesteburg:
  Hack-Auflauf mit Sauerkraut
- Brandt, Hannelore, Winkel:
  Mais-Auflauf
- Burgdorf, Helge-Vera, Peine:
  Frikadellen-Auflauf
- Dehning, Rosemarie, Rehlingen:
  Makkaroni-Hackfleisch-Auflauf
- Detjen, Andrea, Vierden:
  Blumenkohl-Brokkoli-Auflauf
- Detmering, Jens, Stöckse:
  Zitronen-Auflauf
- Dietrich, Christa, Kirchscheidungen:
  Birnen-Auflauf
- Ehbrecht, Friedrich, Weißenborn:
  Satter Herbstauflauf
- Engberts, Anja, Moorhausen:
  Friesischer Kartoffel-Auflauf
- Fegebank, Gisele, Grethem-Büchten:
  Rhabarber-Auflauf
- Fricke, Marlies, Zeven:
  Kartoffel-Auflauf in Käsesoße
- Gartelmann, Gabriele, Bremen:
  Reis-Auflauf mit Pfirsichen
- Gartelmann, Ursel, Schwanewede:
  Früchte-Gratin
- Geusch, Heike, Rahden:
  Kabeljau-Kartoffel-Auflauf
- Haeder, Björn, Ilten:
  Linsen-Auflauf mit Porree
- Hahn, Erika, Bahrdorf:
  Seelachs-Auflauf mit Tomaten
- Hahn, Volker, Neustadt:
  Sauerkraut in Eiersahne
- Haller, Anette, Ronnenberg:
  Hackfleisch-Wirsing-Auflauf
- Harms, Petra, Hanstedt:
  Nudel-Porree-Auflauf
- Hasselmann, Christine, Nienhof:
  Bohnenkeime-Auflauf
- Hausmann, Silke, Heinsen:
  Kartoffel-Eier-Auflauf
- Hedder, Ricke, Bispingen:
  Kürbis-Auflauf
- Henneke, Adelheid, Hardegsen:
  Nudel-Auflauf mit Pilzen
- Henneke, Adelheid, Hardegsen:
  Überbackenes Gemüse
- Hildebrandt, Hildegard, Ebersdorf:
  Fisch-Auflauf, indische Art
- Hildebrandt, Rita, Hann. Münden:
  Süßer Nudel-Auflauf
- Hölscher, Brigitte, Lüerdissen:
  Helgoländer Schichtfisch
- Höper, Erika, Bannetze:
  Quark-Grieß-Auflauf
- Hoffmann, Elsbeth, Helpsen:
  Mozzarella mit Nudelmuscheln
- Hubert, Karin, Kühlen:
  Rosenkohl-Kartoffel-Auflauf
- Hubert, Marga, Kühlen:
  Fleisch-Auflauf
- Hübke, Susanne, Uetze:
  Wirsing-Auflauf
- Isensee, Anette-Gesine, Neubrück:
  Kabeljau in Senfsauce
- Jahn, Silvia, Dannenberg:
  Nudel-Auflauf mit Tofu
- Jördens, Elisabeth, Wittingen:
  Lachs mit Spiralnudeln
- Köster, Anita, Grasberg:
  Kartoffel-Tomaten-Auflauf
- Köther, Amelie, Nienhof:
  Mett-Auflauf
- Kohlenberg, Annette, Bremke:
  Kirsch-Auflauf
- Kohlenberg, Frank, Bremke:
  Früchte-Quark-Auflauf
- Konerding, Marie, Burgdorf:
  Quark-Auflauf
- Konerding, Marie, Burgdorf:
  Zucchini-Auflauf
- Kremling, Andrea, Volkmarsdorf:
  Kohlrabi-Auflauf mit Putenbrust
- Kühler, Thea, Hohenhameln:
  Eier-Schinken-Auflauf
- Kuhl, Anita, Seedorf:
  Schnelles Kartoffel-Gratin
- Lammers, Stephanie, Heemsen:
  Schinken-Austernpilze-Gratin

- Langenkamp, Elfriede, Neustadt:
  Klassischer Kartoffel-Auflauf
- Lieth, Anette von der, Ringstedt:
  Apfel-Reis-Auflauf
- Maack, Annegret, Seevetal:
  Fisch-Gratin mit Champignonsoße
- Mangels, Ingrid, Lange-Krempel:
  Pikanter Kräuterfisch
- Messerschmidt, Felicitas, Einsen:
  Pilz-Quark-Auflauf
- Meyer, Angelika, Stemmen:
  Lauch-Auflauf
- Meyer, Heidi, Visselhövede:
  Brokkoli-Auflauf
- Meyer, Monika, Rethem:
  Zwieback-Apfel-Auflauf
- Mohrmann, Angela, Sulingen:
  Überbackene Himbeeren
- Mohrmann, Rita, Sulingen:
  Gemüse-Auflauf
- Mohrmann, Sabine, Wanna:
  Zucchini-Hack-Auflauf in Tomatensoße
- Müller, Ilse, Seevetal:
  Matjes-Auflauf
- Müller, Ruth, Hoheneggelsen:
  Apfel-Auflauf
- Nagel, Doris, Petershagen:
  Brot-Auflauf mit Fleischfüllung
- Pahl, Marita, Barum-Horburg:
  Dinkel-Auflauf mit Bohnen und Tomaten
- Penneberg, Rita, Uslar:
  Topinambur-Auflauf
- Peper, Renate, Fischerhude:
  Früchteschnitzel
- Peters, Aenne, Stemmen:
  Aprikosen-Auflauf mit Quark
- Polnik, Susanne, Königslutter:
  Rosenkohl-Auflauf
- Predöhl, Kerstin, Neersen:
  Reis-Kirschen-Auflauf
- Rabätje, Susanne, Altenebstorf:
  Jägerschmarren
- Rahlfs, Julia, Nienhagen:
  Gratinierter Fleischtopf
- Rappe, Hedwig, Hann. Münden:
  Kartoffel-Apfel-Gratin
- Rathing, Margot, Lah.-Adenstedt:
  Kartoffel-Grünkern-Auflauf
- Redmann, Gabriele, Wunstorf:
  Feuriger Linsen-Auflauf
- Runige, Rita, Kirchlinteln-Odeweg:
  Zucchini-Kartoffel-Gratin
- Sailer, Johanne, Heemsen:
  Tomaten-Zucchini-Gratin
- Scheele, Ellen, Nordkampen:
  Spinat-Auflauf
- Schumacher, Bärbel, Weyhe-Leeste:
  Quark-Hack-Schichtauflauf
- Soll, Renate, Syke-Osterholz:
  Kasseler-Auflauf
- Sonnenberg, Hanna, Eddesse:
  Hackbraten mit Kartoffel-Gratin
- Stolte, Gertrud, Weyhe-Leeste:
  Schinken-Bohnen-Auflauf
- Strohmeyer, Irene, Einbeck:
  Bohnen-Auflauf mit Schinkenwürfeln
- Sundermeyer, Sigrid, Wendhausen:
  Weißkohl-Auflauf
- Tewes, Irmgard, Wietzendorf:
  Ananas-Auflauf mit Weinschaumsoße
- Thiele, Elfie, Spechtshorn:
  Kartoffel-Scampi-Gratin
- Tietjen, Margit, Osterholz-Scharmbeck:
  Nudel-Auflauf mit feinem Gemüse
- Vollstedt, Elisabeth, Neustadt:
  Überbackene Möhren
- Voß, Marie-Luise, Dassel:
  Blumenkohl im Hackbett
- Weber, Annegret, Gnarrenburg:
  Kartoffel-Mettwurst-Auflauf
- Wiesen, Carola, Bremervörde:
  Gemüse-Fisch-Auflauf
- Wildhagen, Karin, Springe:
  Kartoffel-Kohlrabi-Gratin
- Wilkening, Heidrun, Lüdersfeld:
  Paprika-Auflauf
- Winter, Gisela, Staufenberg:
  Spargel-Gratin
- Woop, Brigitte, Langlingen:
  Leberkäse mit Blumenkohl
- Zimmermann, Gerda, Lintig:
  Nudel-Hack-Auflauf
- Zolc, Cornelia, Häuslingen:
  Geflügel-Reis-Auflauf

Einsender/innen der Rezepte

Kochen zu allen Jahreszeiten

SCHLEMMEREIEN VOM RIND

160 Seiten
farbig, gebunden
ISBN 978-3-86127-885-6

OMAS REZEPTE

144 Seiten
farbig, gebunden
ISBN 978-3-8404-3503-4

HERZHAFTES VOM BLECH

128 Seiten
farbig, gebunden
ISBN 978-3-86127-894-8

Landküche

– frisches aus der Natur auf den Tisch –

SUPPEN UND EINTÖPFE

128 Seiten
farbig, gebunden
ISBN 978-3-86127-892-4

KOCHEN MIT DEN GABEN GOTTES

144 Seiten
farbig, gebunden
ISBN 978-3-86127-896-2

FRISCHES AUS DER SALATSCHÜSSEL

160 Seiten
farbig, gebunden
ISBN 978-3-86127-891-7

Cadmos Verlag GmbH · Möllner Straße 47 · 21493 Schwarzenbek
Tel. 04151 87 90 70 · Fax 04151 87 90 7-12
Besuchen Sie uns im Internet: www.cadmos.de

CADMOS